ON BEAUTY AND BEING JUST

美 与 公 正

［美］伊莱恩·斯凯瑞
（Elaine Scarry） 著

卓慧臻 译

清华大学出版社
北 京

北京市版权局著作权合同登记号 图字：01-2020-5162

On Beauty and Being Just, Copyright ©1999 by Princeton University Press
Author: Elaine Scarry
ISBN: 0-691-08959-0
本书中文简体字版由 University of Princeton Press 授权清华大学出版社。未经出版者书面许可，不得以任何方式复制或抄袭本书内容。

本书封面贴有清华大学出版社防伪标签，无标签者不得销售。
版权所有，侵权必究。举报：010-62782989 beiqinquan@tup.tsinghua.edu.cn。

图书在版编目（CIP）数据

美与公正 /（美）伊莱恩·斯凯瑞 (Elaine Scarry) 著；卓慧臻译. —北京：清华大学出版社，2021.9
书名原文：On Beauty and Being Just
ISBN 978-7-302-57211-4

Ⅰ. ①美… Ⅱ. ①伊… ②卓… Ⅲ. ①美学理论 Ⅳ. ① B83-0

中国版本图书馆 CIP 数据核字 (2021) 第 001628 号

责任编辑：张立红
装帧设计：梁　洁
责任校对：赵伟玉
责任印制：宋　林

出版发行：清华大学出版社
网　　址：http://www.tup.com.cn, http://www.wqbook.com
地　　址：北京清华大学学研大厦 A 座　　邮　编：100084
社 总 机：010-62770175　　邮　购：010-62786544
投稿与读者服务：010-62776969, c-service@tup.tsinghua.edu.cn
质 量 反 馈：010-62772015, zhiliang@tup.tsinghua.edu.cn

印 装 者：三河市东方印刷有限公司
经　　销：全国新华书店
开　　本：148mm×210mm　　印　张：4.5　　字　数：65 千字
版　　次：2021 年 9 月第 1 版　　印　次：2021 年 9 月第 1 次印刷
定　　价：48.00 元

产品编号：065953-01

献给菲利浦·费舍(Philip Fisher)

内容简介

在《美与公正》里,伊莱恩·斯凯瑞不但保护美免受政治性争论,为美作辩护,她还认为美不断激活我们对真理的追求,促使我们更加关注社会正义。她从风格迥异的荷马、柏拉图、马塞尔·普鲁斯特、西蒙娜·薇依、艾丽丝·默多克等作家与思想家那里撷取灵感,并且加上她自己的个人经验,书写出一份优雅、热情的宣告,希望在我们的知性工作、家庭、博物馆和教室中振兴美,使美再度流行。

作者简介

伊莱恩·斯凯瑞,曾是美国哈佛大学英文系美学教授,出版了多部著作,包括《苦痛的身体》(*The Body in Pain*,1985)、《借书做梦》(*Dreaming by the Book*,1999)及一系列关于战争与社会合约的论文。

译者简介

卓慧臻，美国明尼苏达大学英国文学学士，英国埃塞克斯大学女性文学硕士，英国伦敦大学亚非学院比较文学博士。2002—2006年任中国社会科学院研究生院比较文学与世界文学专业副教授。2006年至今任清华大学外国语言文学系副教授，讲授"西方戏剧精讲与表演""英语小说"等课程。出版专著《从〈传说〉到〈巫言〉：朱天文的小说世界与台湾文化》（2009）和《重写神话：西方女作家的小说奇想》（2011）。另有多篇评论和散文：《跨越电影类型的鸿沟》（《芳草萋萋》，2012）；《中西女性战争书写：从伍尔夫与张爱玲谈起》（《中国女性文化》，第十九辑，2015）；《记伊顿公学：英式传承与创新》（《世界美如斯——海外文学织锦》，2016）；《二十一世纪的挑战：海外女作家的写作困境与突破》（《中国女性文化》，第二十一辑，2017）；《皇城百姓》（《我在我城》，2018）。

译者的话

2003年前后,我尚在中国科学院研究生院教书,除了开设比较文学课程之外,还开设美学理论与鉴赏的课程,颇受学生欢迎,曾有因数百名学生到场而临时改换大教室的场面。当时我发现国内关于美学艺术的介绍不多,学生耳熟能详的还是朱光潜先生的美学论述,我则希望深入探讨美的本质以及美的社会意义,因为长久以来社会学家和政治学家已经把美剔除人们的视野,认为经济、社会、科技的问题远比美更急切。他们的理由是经济困顿时,大家求温饱都来不及,何以顾得上美呢?

这样的说辞听来有理,但并不能解释为何贫穷社会里也有绝美的艺术作品。那些精彩绝伦的绣品怎么出自农村女孩手里?为何饱受战争折磨的作家还会忍不住往花瓶里插把鲜花?为何来自一百多个科学研究所的学生们一听到有关美的课程就趋之若鹜,成群结队过来,把教室挤得水泄不通?社会学家似乎不大关心美的影响力,只顾着强调道德责任大于审美问题。于是,我们看到坊间一般美学图书阐释较多的是政治权力与美的关系,或是美与道德的冲突问题,似乎对美如何促进社会发展的层面鲜少触探。

或许,美是个见仁见智的问题,不同年龄、不同文化背景的人对美的评判标准可能不同,经常引发多种争论,所以我们不去谈论。的确,中国的美学理论不乏分析历史上不同时期的审美特色,但对于当代社会如何看待美这件事似乎少有涉猎。

作为合适的教材,我觉得美国哈佛大学英文系美学教授伊莱恩·斯凯瑞的《美与公正》(*On Beauty and Being Just*,1999),出人意料地把美与社会正义联结起来,独树一帜,惊艳之外,逻辑严谨,说服力极强,是值得推荐的。另外,自从约翰·罗尔斯(John Rawls)的《正义论》(*A Theory of Justice*,1971)提出关于公正的问题与难题后,似乎还没有学者把美与公正进行如此多层次的探索。在本书中,斯凯瑞从文学、艺术和自然科学的角度提出原创的概念,将美与公正以及真理之间的逻辑关系分析得淋漓尽致,并且搭建了美与教育之间的关系。

1993年,我作为哈佛大学特别研究生时,听过斯凯瑞的课。她以《苦痛的身体》(*The Body in Pain*,1985)受到学界关注,此书分析了语言未能表达人体之痛,苦痛的身体却是引发行动来源的关联。她不仅关心文学,对文化以及公民社会发展的领域亦较多涉及。自美国"9·11"事件以来,她连续出版4本专著讨论民权与法治制度的平衡问题:《谁保护了国家?》(*Who Defended the Country?*, 2003)、《法律规则,人为恶政》(*Rule of Law, Misrule of Men*, 2010)、《关于紧急的思考》(*Thinking on Emergency*, 2011),以及《热核君主制》(*Thermonuclear Monarchy*, 2014)。这些问题的辩证核心是建构平等的社会,维护公民平等的原则,我们从《美与公正》一书中可略见端倪。

从文学层面而言,当代西方文学在文化研究的主导下极力审视大众文化与历史之间的相互关系,似乎不谈美,而是倾向于种族、性别、阶级、环境差异等社会议题。这么看来,我们究竟是对美认识透彻了,还是对美有所误会呢?难道"美"果真与社会脱轨,与文化毫无关联了吗?斯凯瑞首先指出,当人们看到美丽事物时喜欢拍照、画画、传播消息,这样的复制就是追求美的一种表现。她特别指出,数学、物理、天体物理、化学、生物化学等学科都需要讨论美。例如,人们在实验室和教室里经常会说,这个问题"好",这个理论"漂亮",这是个"美丽"的解法。这些用语说明了科学研究也与美相关,我相信中国大部分追求真理的科研工作者均有类似的亲身体会。美与真理之间的对应才是最根本的关系。简言之,《美与公正》分析美如何施加压力于我们,让我们努力追求真理。因此,追求美,其实就是追求真理的一种方式。

斯凯瑞在书中也从女性主义与后殖民主义的视角分析

康德的理论，认为康德错误地将美降级，把原本也是在美范畴内的"崇高"置于美之上，或者与美互相对立，其实是不必要的。此书犹如一股清泉，为新的美学理论注入养分。这样的论著着实不多，更重要的是，美的问题并不局限于绘画工艺和文学创作领域，它影响了科学技术的发明，以及社会的永续发展。斯凯瑞认为，人类愿意保护大学这样的教育机构，珍惜石窟文明遗迹，建立博物馆来珍藏宝物，乃至维护头顶上蔚蓝的天空，皆因爱美的本质推动我们向公平和平等的理念靠拢，从而推动社会整体进步。

如今在中国许多城市，人们饱受雾霾之苦，重新关心洁净空气，关心环境之美，愿意积极保护美。我翻译此书的初衷乃希望更多读者重新认识美深远的内涵，以及个人如何在生活中让美发挥力量，增进社会正义，维护共有的美丽世界。

斯凯瑞的理论内容充实，书写方式也异于一般的论文格式。在此书中，我们时而看到她采用现代文学里自我剖析之独白，时而看到她借用古典形式中的对话修辞，读来饶富文趣。著名翻译家许渊冲先生认为：翻译要使人理解，继而喜欢，最后要能够让人读着快乐。我虽翻译文学与美学理论，也斗胆以此为目标，庆幸的是，尽管不是所有读者都能欣赏斯凯瑞较为个人化的文风，但也无法否认作者在书写追寻美的真理时，其历程本身就是美与真的极致体现。读者若耐心研读，则能进入其缜密的思绪，从而获得跟着作者一同探索的愉悦感。甚至，就像英国女作家扎迪·史密斯（Zadie Smith）那样，从斯凯瑞的书吸取了灵感，写出了有关跨越宗教和种族观的小说《论美》（*On Beauty*），最终获得 2006 年英国橘子文学奖。

中译本的翻译和出版是个极为漫长的过程，在此特别感谢：时任英国剑桥大学人文与社会科学研究中心主任玛丽·杰克博（Mary Jacobus）教授以及时任美国芝加哥大学文化政策中心主任劳伦斯·罗斯菲尔德（Lawrence Rothfield）教授与我分享现代美学理论的看法，修正我对此领域的认识；《今日美国》（*USA Today*）专栏作家泰德菲斯曼（Ted Fishman）先生为我带来斯凯瑞教授的其他作品，增进我对斯凯瑞教授的了解。

感谢清华大学出版社张立红老师的大力支持及清华大学出版社编辑部的协助，使此书得以顺利出版。

家人的奉献，无法一一致谢。感谢外子与我论证原著有关科学、哲学的问题，没有他的激励，我难以想象中译本完成的日期。最后，有任何疏漏与不足之处，尚请同业和读者朋友们指正。

卓慧臻
清华大学外文系副教授
2021 年 2 月 25 日

目录

第一部分

美与错误
(On Beauty and Being Wrong)
/
001

第二部分

美与公平
(On Beauty and Being Fair)
/
056

致谢
(Acknowledgements)
/
130

第一部分 美与错误

面对俊俏少年和瑰丽花鸟的那一瞬间,我们在认知上会有什么样的感受呢?我们会被吸引住,甚至被要求产生一个复制的行动。维特根斯坦[1]说:当眼睛触及美丽的东西,手便想去描绘它。

美促生副本。它使我们画它,为它照相,或者向别人形容它。美,有时构成实际的复制,有时引发类似的东西,其余时候只是演变成一些无法从中辨认出来的且与原创灵感有关的东西。委罗基奥[2]所绘女子之娟秀面庞渐渐变成一个名叫列奥纳多[3]男孩的感知领域,这男孩持续地临摹、复制美丽女子的面容。

---

1. 路德维希·维特根斯坦(Ludwig Wittgenstein,1889—1951):出生于奥地利维也纳,曾师从罗素,1939—1947年在英国剑桥大学教书,堪称20世纪最有影响力的哲学家之一。——译者注
2. 安德烈·德尔·委罗基奥(Andrea del Verrocchio,1435—1488):生于佛罗伦萨,是文艺复兴时期意大利画家及著名雕刻家,培养了达·芬奇和波提切利等优秀艺术家。——译者注
3. 列奥纳多·达·芬奇(Leonardo da Vinci,1452—1519):意大利文艺复兴时期最杰出、博学的全才艺术家,代表作《蒙娜丽莎》。——译者注

当他看见妍雅的植物——紫罗兰、野玫瑰，或是绝美的面容时，他便创造第一个副本，接着又有了第二、三、四、五个副本。正如佩特[1]所描述的，列奥纳多画了又画。佩特以文字呈现列奥纳多的故事，他的文章演绎这位画家的创作主题，产生一系列的面容——天使、美杜莎、女人和小孩、圣母马利亚、圣约翰、圣安妮、蒙娜丽莎等。不久之后，大家就找到复制的方法，这些句子及面容被复制了成千上万次，以至于佩特的文字与列奥纳多的绘画痕迹遍布世界各地（好比你面前的这段话，就飘浮着佩特的字句及列奥纳多的画）。

一个视觉事件也许会在触觉的范畴内再生（如同当被注视的脸刺激了手的渴望，手便用铅笔去画），这触觉反过来重新出现在第二个视觉事件中，这个视觉事件就是完成了的素描。这种感觉的交错可能在任何方向发生。维特根斯坦说，不光是美的视觉事件会引发手的动作，人们在听到音乐后也会触发口、舌的动感。同样，一个触摸的行为可能会以听觉事件，甚至是

---

[1] 沃尔特·佩特（Walter Pater, 1839—1894）：英国小说家、评论家，20世纪末提倡"为艺术而艺术"的唯美主义运动理论家和代表人物。——译者注

抽象的概念复制，如同奥古斯汀在抚摸到平滑的物体时，开始想起音乐与上帝。

美激发一个它自己的副本

代代相传。美就像柏拉图[1]的《飨宴篇》（*Symposium*）及日常生活所验证的，它刺激了生育的欲望。当眼睛接触到美丽的人时，整个身体便会想着去复制此人。除此，诚如迪奥蒂玛[2]对苏格拉底说的：美，也会刺激诗与法律的诞生，它成就了荷马[3]、赫西俄德[4]和莱克格斯[5]的作品。诗与法律也产

---

1. 柏拉图（Plato，公元前427—前347）：古希腊伟大哲学家，乃至整个西方文化里最伟大的哲学家，和老师苏格拉底、学生亚里士多德并列为西方哲学的奠基者。——译者注
2. 迪奥蒂玛（Diotima）：古希腊女哲学家、先知，是柏拉图《飨宴篇》（*Symposium*）中出现的人物，是苏格拉底爱情思想上的启蒙老师。——译者注
3. 荷马（Homer，约公元前9—前8世纪）：古希腊诗人。著有长篇叙事史诗《伊利亚特》（*Iliad*）和《奥德赛》（*The Odyssey*），前者记述公元前12—前11世纪特洛伊战争，后者则描述俄底修斯在特洛伊战争后返乡时的海上之行，两部作品结合各种古老诗歌、传说，为西方古代文艺技巧高度发展之杰作。——译者注
4. 赫西俄德（Hesiod，公元前8世纪）：古希腊诗人。著名诗作《工作与时日》提出许多忠告和智慧为上的说法，鼓励人们认真工作与生活，反对休闲与不公正。晚期作品《女人目录》《赫拉克勒斯之盾》是研究希腊神话、农业技术、天文学的重要依据。——译者注
5. 莱克格斯（Lycurgus，公元前9—前8世纪）：古希腊的政治人物，斯巴达王族，传说中创建斯巴达教育制度并为斯巴达社会立法之人。——译者注

生了对其本身的阐述，这些文字性与合法性的评论企图使前者之美更加明显，换句话说，就是使诗或法律具有"清楚的辨别力"，从而更容易"识别"。因此，《新生》（*La vita nuova*）里碧翠斯的美使得但丁[1]在写完一首十四行诗后，又燃起他书写的欲望："结束上首诗后，我被一股想要创作更多诗的欲望所驱使。"这十四行诗变成但丁的新动力，一旦听到自己构思的韵律，他的手就想起草成诗："这诗分成两部分……""这诗分成四部分……"[1]

这个欲罢不能、持续生产的现象给柏拉图、阿奎那[2]、但丁等人带来"永恒"的概念，也就是持续不停地复制某个时刻。同时，这也带来了"地球是丰富的"的概念，以及分配性的思想；这个意念就是要不断创造"更多"，最终达成"充盈"。虽说《伊利亚特》或《蒙娜丽莎》这样非常伟大的文化成果，或这个分

---

1. 但丁·阿利吉耶里（Dante Alighieri，1265—1321）：意大利中世纪诗人，现代意大利语的奠基者，欧洲文艺复兴时代的开拓者，以史诗《神曲》留名后世。——译者注
2. 圣·托马斯·阿奎那（St. Thomas Aquinas，1225—1274）：欧洲中世纪经院派哲学家和神学家，自然神学最早的提倡者之一，知名著作是《神学大全》（*Summa Theologica*），被天主教会视为史上伟大的神学家，也被称作天使博士（天使圣师）或全能博士。——译者注

配性的思想起源于美要求我们复制，然而这种现象最简单之表达是日常生活中的注视。鸟飞过去的瞬间所激起复制的欲望，不是把惊鸿一瞥的场景转换成素描、诗或相片，而是仅仅单纯地继续再看它五秒、二十五秒或是四十五秒，只要目光所及，还能望见这只鸟。人们追寻候鸟的途径、移动的陌生人，以及失落的文稿，试图持续感受眼前的这些东西。佩特告诉我们，列奥纳多一旦发现某个陌生人奇异的眼睛与头发之美时，他就仿佛半疯似的在佛罗伦萨街上跟踪他们至日落时分。

感官范畴上的这种复制可以由单一的感知者在一段时间完成（一个人注视一张脸，或倾听知更鸟不间断的歌曲），也可以由多人共同完成。当列奥纳多完成圣安妮素描后，两天里，各种不同的人潮带着天真的喜悦经过它所垂挂的房间。博物馆和明信片证实了观赏者这种传播的冲动。当人们面对美时，最常见的反应就是："阿迪斯的花全开了，真希望你也在这儿。""夜莺昨晚又歌唱了，用你最快的速度赶来吧！"

美，有时遭人轻视，因为它造成一个传染性的模仿，就像一群人开始按照某个刚出道的电影明星的风格装扮自己。但这只是复制的有效动力中一个不完美的版本。再就是,美,有时受到贬抑,因为它增添了物质性的贪婪和占有欲望。同样,我们在这里也只是碰到一个有正面结果的不完美特例。倘若有人希望世界上所有盖勒的手工艺术花瓶都齐聚在他自己的窗台上,那就是对普鲁斯特[1]式热情冲动的一个错误性示范。普鲁斯特在火车站目不转睛地盯着一个送牛奶的女孩:

> 我无法不去注视她的面容,她的脸随着她的走近而扩张,像一个可被注视的太阳,一步步地接近,让人在近距离间观看,同时以金红的火焰迷惑着你。[2]

普鲁斯特希望她永远存在于他的视线内,为此,他愿意改变自己所在的位置,"跟着她到溪水、牛群、火车,永远在她身旁"。

这种不断修改自身所处位置,愿意把自己放到美的途径上,

---

1. 马塞尔·普鲁斯特(Marcel Proust,1871—1922):20世纪法国著名小说家,也是意识流文学的先驱与大师。——译者注

是基础教育的主要推动力。一个人之所以聆听其他人（比如教师），是为了当彗星扫过天空一角时，增加他朝向正确方向观看的机会。艺术与科学，就像柏拉图的对话，其核心是一个澄清的欲望，也就是，在已经清楚的分辨力上提高其清晰度，在不明朗处提供最初的明度。它们是迪奥提玛所谓的生产和法国政治思想家托克维尔[1]所说的分配性之关键机制。为了使美永存，教育机构帮助刺激永续创造的意愿。有时，这些庄严而不灵巧的机构似乎和美并不搭调。美，犹如小鸟般带着脆弱气味，正如西蒙娜·薇依[2]在《等待上帝》中写道：

对世界之美的爱……包含了……对所有可能因为不幸而被摧毁的真正珍贵物品之爱。真正珍贵的物品是那些开放的、通往世界之美的阶梯。

---

1. 阿历克西德·托克维尔（Alexis-Charles-Henri Clérel de Tocqueville, 1805—1859）：法国历史学家、政治家、政治社会学的奠基者。——译者注
2. 西蒙娜·薇依（Simone Weil, 1909—1943）：法国女哲学家，也是女权主义社会运动激进者。——译者注

但是，西蒙娜·薇依所列的通向世界的珍贵物品名单里，排名最前的不是一只飞翔的鸟儿，而是教育，"包含在其中的是艺术与科学纯粹的、真实的成就"。[3]误述或轻描淡写大学和美的关系可能是错误的。一所大学就是那可被摧毁的珍贵物品之一。

美丽中的错误：美丽事物中均匀与不均匀出现的特征

大多数人认为《大希庇阿斯篇》[1]的作者就是柏拉图，他在此书中提到，人们相对容易知道什么是一匹漂亮的骏马、一个英俊的男子，甚至一只美丽的锅（最后一项是对话中一个争议性的事件）。可是，要说出一个没有载体物的美是什么就比较困难。在此，我不打算讨论什么是没有载体物的美以及这种美的特征。有些特征倒是不例外地呈现在不同的物体中（比如脸、花、鸟的歌声、人、马、锅、诗），其中任意一项都是倾向生产的冲动。我们很难想象美丽的事物会不具备此种特性。

1.《大希庇阿斯篇》（*Greater Hippias*）：柏拉图的著作之一，主要谈论什么是美。——译者注

在此，我用了这个寻常的字眼"复制"，是因为它提醒我们，良性创造的冲动结果，不仅展现在著名的绘画上，而且体现在我们日常凝视事物的行为上。它同时也提醒我们，从某种意义上来说，创造者会继续在新创造的物品中存在。把《神圣的喜剧》[1]或《蒙娜丽莎》这样的前所未有的作品说成是一件"复制品"，也许有点耸人听闻，但是复制品这个词，表达的是一个事实，那就是，某些东西或某些人创造了这些新生物，并且沉默地出现在其中。

我们从刚才的例子里看到，这个特征在各种情况下普遍存在。当误解偶然出现时，错误就在于，人们看到这个特征不完美的一个版本（比如，模仿明星，甚至更严重些，对物质贪婪），并且很准确地看到它和美的联系，却没有意识到这样的联系其实可以有千万种好的版本，而这一版是相对劣质的。拒绝这样的非完美版本是说得通的，可是，因此去否定生产的动力是说不通的。倘若只因为美丽事物可能导致虚假或真实的版本就拒

1.《神圣的喜剧》（*Divine Comedy*）：但丁的《神曲》。——译者注

绝美丽事物，那也是说不过去的。贬低美，不是因为它的某种特征，而是因为那其实是良善特征的误导版本，也是对美常犯的错误。

但是，我们也将看到，许多关于美的错误，并不是因为某个在任何场所都毫无例外普遍存在的特征，而是与一些特定所在地相关的特征，比如，一座美丽花园，而非一首优美的诗，或者是美丽的人，而不是神。不同情况间的不连续性是形成许多误见的来源，其中一项将在第二部分详细论及。但是，最常见的错误发生在任何一个地方。

同一地方的错误

这似乎是知性生活里一个奇怪的特点，如果你问别人"你犯过什么知性的错误？"，几乎没有一个人可立即回应这个问题。但是，如果你让旁人（朋友、学生）去描述他们对美曾经犯过的错误，运气也许更好。比较有用的是，读者在继续看下去前，如果停下来回想一个所犯的错误，以及尽可能多的细节，这样就可以把这些事件与我即将描述的事联结在一起。读者记录错误，或者再现更精确的回忆将有所助益，这是因为我要说明有关美的错误是如何呈现于大脑的，并且，这个说明需要由其他事件去试验其准确性。

这个错误也许是对席勒[1]《人的美学教育》(*Aesthetic Education of Man*)中《第九封信》(*Ninth Letter*)的误解，也可能是对康德[2]《第三批判》(*Third Critique*)书中第十一页的误读。但是，我的问题是更直接针对日常生活中出现的、关于美的错误与修改。以我自己为例，我曾经认为棕榈树是不美的，然而，有一天我发现我错了。

* * *

那些记得自己在美上犯过错的人，通常也会回想起他们意识到错误的时刻。那一刹那，就像被人狠狠打了个巴掌，或者

---

1. 约翰·克里斯托弗·弗里德里希·冯·席勒（Johann Christoph Friedrich von Schiller, 1759—1805）：德国18世纪著名诗人、历史学家、哲学家、剧作家，为德国启蒙文学代表人物。席勒认为美育可以达到社会和谐，诗作《欢乐颂》被音乐家贝多芬谱成歌曲。——译者注

2. 伊曼努尔·康德（Immanuel Kant, 1724—1804）：德国著名哲学家、天文学家、德国古典美学的奠定者。——译者注

像被什么东西撞击,总会有一种强烈的感官效应。狄金森[1]的诗就是个例子:

在我眼中——它落得非常低——
我听见它掉在地上——

观点发生变化时,宛如遭受剧烈的冲撞。虽然听起来像打碎盘子的声音,但真正被摔碎而发出巨响的,是看法本身。

在我眼中——它落得非常低——
我听见它掉在地上——
在石头上摔成碎片,
在我脑子深底——[4]

这撞裂不只是听觉的,也是动觉的。她自己的大脑就是那

---

1. 艾米莉·狄金森(Emily Dickinson,1830—1886):美国女诗人,善于吟咏大自然,神秘主义、现代主义诗歌先驱之一。——译者注

感觉到发生碰撞的地板。

同样情况也适用于莎士比亚写的句子:"溃烂百合发出的味道比野草更差。"这项纠正,感知的变化是如此清楚,以至于感知本身(而不是他所观看的物体)在他的脑子里像是腐烂似的。

在上述两个案例中,感知经过激烈的转变,它就像破碎的盘子开裂了,或像腐烂的花离落了。这样的转变是通过一个显著的感官事件,比如,巨大的声响和难忍的气味来"宣布"的。即使看法的转变并没有伴随负面感受的突然一击,而只是原来觉得它美的时候所持的正面感官特征消失了,这一时刻仍然会让人感到同样的荒凉并留下深刻的烙印。霍普金斯[1]既镇定又残酷地告知他曾经爱过的人,他的爱几乎已经全部消失了。他以不再感受到一首诗的美作为比喻:

我说得够清楚了吗?在这里我可以用什么

拿来作为比较呢?

---

1. 杰拉德·曼利·霍普金斯(Gerard Manley Hopkins,1844—1889):英国诗人,创新使用口语化的"跳跃韵律"(sprung rhythm)风格。——译者注

美与公正

On Beauty and Being Just

> 就像一个困惑、失望、落寞的男孩
> 对他原来细读的诗人
> 感到越来越不甜蜜,却不知道是什么原因。

响声或恶臭味都不如这个来得更有打击性。为什么呢?部分原因是,正面的东西都被夺走了。甜蜜包含味觉、嗅觉与听觉。在所有字眼当中,甜蜜与清脆的鸟鸣声最为接近,也传达着爱意与关注,就像金银花或石竹花一样,不费吹嘘之力,不请自来。也许有人希望,情感褪色只不过是渐行麻木、失去兴趣,或者是转变注意力到其他东西上。但是,褪色的不同阶段是在高度意识观察下发生的,大脑对痛失情感的过程及其每一细节都有鲜明的记忆。霍普金斯笔下的男孩全然地感觉到自己历经沉浸、细思而渐渐不再着迷的过程。

那些回忆自己在美上犯过错的人,不可避免地描述两种错误。第一种就像狄金森、莎士比亚、霍普金斯的诗句,意识到自己对之前认为美的东西,感觉没有那么好了。第二种是突然认识到先前缺乏美的特征之物其实一直是美的。这两种错误,似乎第二种更加严重。第一种错误是过于赞扬,源于能感知慷慨大方。第二种错误是赞扬不够,源于缺乏宽宏大量。怀疑第一种错误的严重程度,并不是去怀疑人们在发现自己错时的痛苦:她失去那个美的对象,仿佛那个对象一直是美的,只是突然脱离了她的范畴,使得她陷入困境,受到背叛。事实上,这忠诚的对象一直存在于她可触及的范畴内,只是那激起占有它的欲望的所有特征都消失了。不管怎样,激起欲望的对象已经不复存在,使得头脑产生空白。

美中的错误,无论如何都会表现出来,让你感觉到。这种不妥协的方式在第二种较严重的错误中也同样明显。那些你原来觉得不漂亮的东西,突然使你认识到自己错了。对于这个指示性的时刻,较好的说法是"那些你不认为是美的东西,突然向你展现全然的美",因为这重新想象的强力与动力仿佛在距离你眼前0.25英寸(6.4毫米)处发生般一样真实。一个人让事件进入自己的心中,而没有准确地计算它们所需要的意识程度,这就好像你正要往暗礁上走,约定了要背载物品,到了悬崖处时,你才意识到这东西重达100磅(45.4千克)。

美与公正

On Beauty and Being Just

一个人如何走过世界，不停地做微量调整以保持平衡，都受到美丽事物变化的影响。这里的情景与我们刚才讨论的第一种错误正好相反。在第一种错误里，美丽的物体消失了，其原因并非物体本身带着它的美丽失踪了，而是因为物体仍然存在，只是美丽刚刚褪色。在第二种错误中，一个美丽物体的突然显现，并不是由于新物体带着它的美进入感官的地平线（譬如一首刚刚写好的诗、一个新学生的到来，或者一棵冬天里叶子掉光的柳树，重新长出错综复杂的黄色嫩叶，对着薰衣草墙和天空，变得令人激动），而是一个已经存在于这地平线上的美丽物体，它的美像一件延误了的行李，瞬忽到达你的手中。第二种错误既不需要一个新的美丽物体的驾临，也不需要一个已经存在的，但从前并未注意到的物体。这种错误涉及一个存在的，但其美丽已遭否定的物体。

我的棕榈树就是一例。我在阳台上，忽然间，它巨大、摇曳的叶子在我的视线前弯成弧形、弓状，在柔软的空气中招展飞舞。它仿佛在追逐阳光，下滑的手指像在钢琴键上来回滑动，忽又到高处如洗牌和发牌一般，只不过对象是一副蓝、绿、黄、白闪亮的色牌。蕨叶、羽毛、扇形般的叶子开放着,与空气、阳光热恋。那正是我所钟爱的一切。

棕榈树的生动性体现了我感到自己错误的强度,就像被问及犯了"多少"错误时那样地揪心。有多少其他的错误像碎了的盘子,或像鲜花撒落在我脑子里的地板上?我俯身细看着地板,却看不到多少表面,因为所有的空间都被倒下的树干占满,这个又大又笨的东西,所有的叶子都塞在一起。但是,在那底下也许有其他的东西。当你对美犯了错误,美本应该亮起一些小小的警戒和信息,然而,它一直等到你站上阳台,看到闪光的剑舞才开始。夜晚来临,我仍守在满是月光的阳台。我的棕榈树摇摆着,挥洒着一根根黑色、银色和白色的细针;成千闪光的线条旋转着,保持着完美的平行。

我误解的那棵树不是枫树、桦树、山毛榉,或木兰,而是棕榈树。它基本上生长在南半球,而不是北半球;是属于美国西海岸,而不是东海岸的树,也就是说,并不是在我所在的地方。这个错误也许看起来是关于南与北、东与西的差距,可以说是文化不同所导致的。但有时把一个错误归罪于文化差异,

美与公正

On Beauty and Being Just

是故意要显示为什么关心美是一件坏事,就好像假设我关心枫树和栗树少一些,我就可以更快地看到棕榈树的特质,其弯曲、柔顺的叶子得以捕捉和重组光线。我对感知的认识并未告诉我,为什么我对枫树的爱会影响且导致我不爱棕榈树,因为这并不像脑子里有个一定限度的空间能让美丽的事物提早搁置。再者,对一个事物的注意通常是会增加而非减少对下一个事物观察的敏锐度。尽管如此,如果我每天都被成千上万的棕榈树围绕着,其中一棵应该会尽早提醒我去改正我的错误。

美总在某个具体的环境或情况下发生;如果没有具体性,看到美的机会便减少。按这个道理来说,因为减少和特定植物、动物或艺术品同在一地的机会,所带来的文化差异会导致认知的问题。当然,感知上的问题也会经由其他途径而来。譬如,普鲁斯特说,当我们用贬低或消极的口吻谈论"生活"时,我们犯了一个错误,那就是,在我们使用不具体名词"生活"时,我们已经事先排除了所有的美丽与幸福。"我们相信我们是将幸福及美考虑进去的,但实际上,我们已经将它们去除,代之而起的是,不为其中任何一种的元素的组合物。"

普鲁斯特举了第二个合成式例子:

一个知识渊博的人聆听别人陈述一本新的好书时,并不感兴趣,因为他想象了所有他读过的好书的组合。然而,好书是种特别的东西,它引发新的思想,且不是汇集了过去的经典。因此,即使他完全吸收了经典之作,也可能无法发现这本好书。

这里的错误并不起源于文化差异,因为此人对书和生活都是经验丰富的,这里的错误是因为他把所有具体的东西组合起来,在这个过程中,他反倒抹掉了那个具体性的东西,结果就好像他是住在一个没书和没有生活的地方。

当我小声地对自己说"我讨厌棕榈树"或者"棕榈树并不漂亮,也许它们根本就不是树"时,它是我从未看过,甚至没有仔细看过许多特例就断定的一种组合式的棕榈树。相反,现在当我说"棕榈树是美丽的"或者"我爱棕榈树"时,这是我心中特定的一棵树。我站在笔直的棕榈树下,仰望它60英尺(18.3米)高的树冠,它的叶子轻轻地摆荡,仿佛在呼吸,我渐渐明

美与公正

On Beauty and Being Just

白它在俯瞰着我。栖息在树叶里的是一只大猫头鹰,它的脸、身躯,以及整个外形形成一个向下的角度。它要想瞪我,只要慢慢睁开眼就行,没有突如其来重新调整身体,或是紧急回头的举动。估计它每日清晨飞抵棕榈树时,就摆成那种可随时注视下面任何人的睡姿,只消以一种平静的方式,如同它所安身的棕榈树般轻韵呼吸,简单地睁眼即可。

我通常认为鸟栖寄在一个开口朝天的巢里,然而,这只猫头鹰(我后来看到其他的猫头鹰也在黎明时入住棕榈树丛)发现棕榈树冠是一个极棒的休宿处,却是因为棕榈树冠口朝下,猫头鹰可以将自己的羽翼与棕榈叶交叉,它也能在60英尺高的气流柱上保持稳定,好似自己仍在飞翔。它犹如悬在半空休憩,让那弧形的棕榈叶替代它翅膀的工作,以便它能在阴凉处打呼噜,直到夜晚降临,它才再度独自飞行。

荷马歌颂具体之物的美。俄底修斯[1]被海浪拍到岸上,差点

---

1. 俄底修斯(Odysseus,又译尤利西斯或奥德修斯):古希腊史诗《伊利亚特》和《奥德赛》中的主要人物,为伊塔卡的国王、珀涅罗珀(Penelope)的丈夫、忒勒马科斯(Telemakhos 或 Telemachus)的父亲。在《伊利亚特》中,他用特洛伊木马战胜了自大的特洛伊人;在《奥德赛》中,他历经艰险才回到家乡。——译者注

被溺死,这时他遇到一个人,一位特别的人物,美丽的娜乌茜卡。他从未在任何地方见过这样姣好的面容,也从未在任何地方见过像她这么可爱的人。他的思绪被一种奇怪的感觉中断,他顿时说道,"噢,慢着",好像想起了什么东西:

若你是住在这尘世的一位凡间女子,你的父亲和你尊贵的母亲,还有你的兄弟,一定享受着三倍的幸福。

他们的心必定充满着喜悦,看你娑娑起舞,如此美人。

…………

我的眼睛只注视你,从来没有注视过别人,

不管是男子或妇女……

我看着你,你美得令我惊讶。

慢着,

我看见过类似这样绝美的佳品——在德洛斯,傍着阿波罗的祭坛——

一棵嫩绿的棕榈树,蹦跳挺拔。

我曾去过那里,带着许多随员。在那次的远行,迎受将至的苦难。

凝望着它的枝叶,我赞慕良久,大地从未长过如此佳丽的树木——就像这样,我看着你,惊叹和着迷于你的形貌,

打从心底里害怕,不敢抱住你的膝腿,虽然承受着莫大的悲伤。[5]

俄底修斯的这番言语生动地表达出一个人面对美出现时的感知结构。这美丽的东西似乎无与伦比,史无前例;这个史无前例的意识传达出整个世界是全新的或是新生的概念。娜乌茜卡天真地与同伴们在海边玩球的景象,强化了发生奇妙之事的这种感受。通常,当这个"史无前例"的人突然出现,对方会宣称"没有人像你,任何地方都没有可与你相比的东西"。尽管这个听来像做过搜索的宣告如此斩钉截铁,但此人并没有真的在搜寻,而是全神贯注在这美丽的对象中。这就是,美排除一切,造成脑子出现"世界上史无前例"感觉的特别方式。

俄底修斯的搜索让人感到惊奇,更令人惊讶的是,他找到先例后,又得以经由那个先例去放大,而非递减,他对娜乌茜

卡的描述。他借由"一棵年轻挺拔的棕榈树"去澄清和证明她的美，不断以新的篇幅延展娜乌茜卡的美。这新的美有几个重要的特质，且在时序上都比娜乌茜卡这个美丽的人物更早。

美的第一个特质是，美是神圣的。我们在比上面引文更前的文句中看到，俄底修斯初见娜乌茜卡时觉得自己仿佛是站在阿耳忒弥丝女神前，现在他重新回到那种直觉，因为嫩青的棕榈生长在德洛斯祭坛旁，那是双胞胎阿波罗与阿耳忒弥丝诞生的地方。俄底修斯的话是这样的："如果你是神，那我认得你，你是阿耳忒弥丝；相反，如果你不是神，那我就迷糊了，我认不出你是谁，因为我找不到先例。哦，慢着，我认出你了，我记得看过那从德洛斯土地上长出的一棵树。"

美的第二个特质是，美是史无前例的。俄底修斯相信娜乌茜卡的美是空前未有的，然后他记起棕榈，同时又相信棕榈亦是无先例可言的："地底从来没有长出过那种树来。"一刻前找到的先例又被否定，这与一开始没有先例可循的看法互相矛盾，但又同时肯定了诉说者的精确度，因为这项无先例特征在这两个物体上都存在。娜乌茜卡与棕榈树使得这个世界焕然一新。在他面前的棕榈树年轻、柔软,摇摆着枝叶,直立着。娜乌茜卡也是如此,她玩着球,奔向海,在她父母兄弟面前跳着舞,但始终保持坚挺。当身无衣物的俄底修斯突然从沙堆中跌撞向前,沙滩上"所有可爱的女孩惊慌四散。只有阿尔基努斯的女儿迅速稳住,纹风不动地站在俄底修斯的面前"。

这两个美的特质是非常相近的,因为当我们说某些东西"神圣"时,意思就是指它"没有先例"或者"它本身就是先例"。

美还有第三个特质:拯救生命。不只是荷马认为美有此特质,奥古斯丁[1]描述它是"海浪中的救生板"。[6]普鲁斯特则一再重申这样的看法:美是加速的,它激发人的情绪,使人心跳得厉害,让生命更加鲜明、动感,让生活更有活力与价值。然而,这个特质的意义是什么呢?更重要的一点,有关美拯救生命,或直接赠予生命之礼的说法,究竟是什么意思呢?

娜乌茜卡或棕榈树并没有将俄底修斯从海上解救出来,但

---

1. 奥古斯丁(Augustine of Hippo,354—430):古罗马帝国时期天主教思想家,欧洲中世纪基督教神学、教父哲学的重要代表人物,著作丰富。他认为音乐影响人的灵魂,也因此对人的价值取向、行为与道德观起到决定性的影响。——译者注

这两者是他逃离死亡后立即见到的。俄底修斯站在娜乌茜卡面前时,他的记忆仍旧混杂着身陷惊涛骇浪,遇难时的情景。

如同《奥德赛》第五卷里所描述的,当俄底修斯脱离噬人海,站在幼小的棕榈树前时,他说:"我曾去过那里,带着许多随员。在那次的远行,迎受将至的苦难。"此处,荷马再度创造了一个当人们看到美丽事物时的感知结构——它仿佛像溺了水的人突然被冲上安全的海滩,所有恐惧、急躁和冷漠的情绪全被抛在脑后,凶猛的浪花在某一时分丧失了它的杀伤力。

荷马并不是唯一把"美"形容为"致意"的人,阿奎那、普罗提诺[1]、伪迪奥尼修斯[2]、但丁和其他许多人都是如此。当一个人走进美丽事物的那刻,它似乎也在向你致意。它排除中性背景,直接走来问候你,仿佛这物体是专门为你的感知所设计的。在语源学里,"致意"表示个人带着美好的愿望,或者对已经站在那里的人或东西作出允诺。这就好像致意者已经得

---

1. 普罗提诺(Plotinus,205—270):罗马新柏拉图派哲学家。——译者注
2. 伪迪奥尼修斯(Pseudo-Dionysius):基督教神学及哲学家。——译者注

到你的同意，让你进入它的中间。你的加入似乎是项协议合同，不只是你想要，你现加入的世界也想要。荷马的叙事反复展现"致意"的主题。[7] 俄底修斯在见到娜乌茜卡之前，首先听到她的嬉戏声。她青春的声音与其他的小孩声交融，像流水穿过青葱草地。这翠绿感的声音遂成为叙事重心，娜乌茜卡带领俄底修斯经过父亲的树林、牧场、盛放的果园，指引俄底修斯安全登陆，径入大厅，如今能见到的浪涛踪迹只有墙上发光的宝石蓝色的装饰，以及娜乌茜卡母亲手里的"海蓝色的羊毛"。娜乌茜卡的美和她欢迎般的表情给了俄底修斯希望，他将要在"受欢迎的城市""热情的斯刻里亚"受到款待，那"慷慨的阿尔基努斯国王"和法伊阿基亚人民议会将接见他。事实上他们果真如此，带着一些"仁慈与爱心"。

俄底修斯对美做了一首赞美诗。也许有人会抗议这样的描述有些过于褒奖他，因为至今无人提到过，此处的他心怀战略，有一个具体且十分清楚的目标，那就是必须让娜乌茜卡带他至安全处。俄底修斯赞美娜乌茜卡的诗句一开始就显示出他"秘密地"盘算着如何接近她。他应该怎么走路？怎么站着？

怎么说话？是挺直身躯，还是跪在她面前？是要用双膝抓住她，还是保持距离，礼貌性地后退站着？他的目标就是生存下来，赞美诗是这个目标的一部分，计策的叙述则是赞美诗的一部分。如果把俄底修斯的声音除去，换成另外一个声音，那么，当遇到美丽的人或事物时，听起来或许会是这样的："你将要站在允赐生命并解救你的东西面前，这东西需要你有一个尊敬或恳求的姿态。你不知道是在它面前跪倒，还是与它保持距离，但你最好有个正确的答案，因为这不是一个可以粗心大意，或者是随机表现任何态度的事件。这并不是说，美对生命有威胁（虽然这个特性有时也被指认）。恰恰相反，美肯定生命，希望获取生命。因此，如果是你的漫不经心造成它与你切割，你会感到这样的断绝如同生命萎谢。你会掉入海中，甚至像现在，当你站在那里凝视着，那海在你背后的距离只有几英尺。"这个策略的架构以及从容的做法并不是削弱，而是诠释。美是拯救生命的宣言。

美是神圣的，美拯救生命，美是无例可循的先例。

美的第四种特质是激励人慎思。我已经谈过俄底修斯对娜乌茜卡所犯的错误,并且,我们很容易看出俄底修斯的错误,是他对棕榈树的疏略。当他看见娜乌茜卡,他暂时忘记那祭坛旁看过的棕榈树,这个因自己欠缺考虑的错误需要他接着去纠正。对娜乌茜卡之美的颂诗可以被称为对棕榈树之美的反思诗。不管哪一个事件,俄底修斯都是以犯了一个错误而开始的。

至今,我们所谈的错误是关于一个认知事件的,这事件像所有其他东西,是以美作为对象的。但是,那个描述把错误与美分开可能是不对的。"犯错"的经验总是与美的感知相连,这似乎是它的持久结构特征。一方面,美丽的事物如盛开的花朵、朋友、诗、天空,在人们的面前自然而清楚地呈现着,其特质可称为"清晰的辨识力",这个原因将很快会讨论到。美丽的东西马上给予观赏者有关美的信念,就像里尔克[1]诗中的"这个!""这里!",无需语言的肯定。另一方面,人们在感受到那不言而喻之美时,便带着自我纠正与调适的责任,构

---

[1] 赖内·马利亚·里尔克(Rainer Maria Rilke,1875—1926):奥地利籍德语诗人,诗文富有存在主义主题,是介于传统与现代转型期的杰出诗人,代表作有《祈祷书》(1905)、《新诗集》(1907)、《新诗续集》(1908)以及《杜伊诺哀歌》(1923)。——译者注

成美的主要元素。这也许可以解释早些时候我曾提过的一项非正式实验，询问别人有关知性错误时，受访者并不记得他们所犯的错误。更确切地说，人们确定自己犯了错误，但不记得是什么，而当你问他们在美上犯过的错误时，他们似乎不仅记得，还会在生动的感官细节上回想纠正的过程。美丽的事物会立刻捕捉人的注意力，促使人去判断那事物的美，继续审视后，人们却又经常发现自己错了。

美丽的东西将我们的思想填满，还邀请我们寻找超越它自身的东西，一些更大的或者是同一范畴内有关的东西。批评者认为，美造成我们想法上的代沟与悬疑。这样的诉状是非常对的，俄底修斯欣赏他面前的棕榈树，同样，他也被娜乌茜卡吸引住。在第七卷中，俄底修斯又以同样的态度"凝视"阿尔基努斯国王的果园，那里的梨、苹果、无花果，各在不同的枝干上相继发芽、成熟，终年花果不断。那些美的东西同时驱使我们从历史中寻找有无先例或相似者，它使我们采取新的创造，超越旧的观念，包容更多事物，并且以个人生命仿佛就依赖于此的急切程度去付诸行动。虽然这两个心理行为从时序上而言

美与公正

On Beauty and Being Just

通常发生在不同的瞬间，如果不是说它们都出现在这同一个抒情事件里，我们会认为它们就像是被两种不同美的种类所激发的（正如席勒认为的，融化美与活力美二者同时存在）。[8]

我们可以了解到为什么荷马、柏拉图、阿奎那与但丁都将美视为不朽（这名单可以继续往下列，直到当代诗人耶楚德·史奈克柏格[1]、艾伦·格斯曼[2]及谢默斯·希尼[3]），那是因为美催促我们寻找先例，不断追溯历史，直到发现没有先例的东西为止，那通常可能就是不朽的事物。我们也可以看到为什么这些新旧世界的艺术家、哲学家与神学家将美视为与真理相联结。美与真理联盟，因为真理常在不朽的领域中。不过，假如这是此联想的唯一基础，那么，我们中间许多对不朽领域存在与否有所质疑的人，大概要说美与真理互不相干。很幸运，

---

1. 耶楚德·史奈克柏格（Gjertrud Schnackenberg, 1953—2002）：美国女诗人，最为知名的是书写有关俄狄浦斯（Oedipus）以及古希腊故事的诗集《拉布达克斯王座》（*The Throne of Labdacus*），此书曾多次获国际文学奖项。——译者注

2. 艾伦·格斯曼（Allen Grossman, 1932—2014）：美国著名诗人、大学教授、评论家。——译者注

3. 谢默斯·希尼（Seamus Heaney, 1939—2013）：爱尔兰诗人、剧作家。1995年获诺贝尔文学奖。1996年获法兰西艺术与文学勋章。1999年将古英语史诗《贝奥武夫》（*Beowulf*）译成现代英语，轰动文坛。——译者注

这联想的第二个基础清楚地摆在眼前，美丽的人和事会在我们的内心激起对真理的向往，其"清晰辨识"的特质会带领我们（或许是第一次）到达一种确定的境界，但它本身又没有充分满足我们对确定性的欲望，因为美早晚使我们意识到自己会犯错，它让我们不费力气地了解到信念的心理事件。这个感觉是那么地愉悦，在此之后，我们就会愿意付出心力与世界搏斗，寻找信念的来源，也就是寻找真理。无论不朽领域存在与否，美都是教育的起点。

赞美诗与翻案诗[1]承载的信念和错误的意识大多发生在日常遇见美的举动中。一个人到街上散步，突然看见紫荆，细小如心形的叶子爬满了树干，像小孩尚未弄清游乐场的哪些设备是他们可以玩的（它们难道不知道它们需要留在枝干的尖端？），就像是一个人从水中被拖至岸上，面临危险状况，必须抓住树枝，以防松手落入大海似的。这如同无助的俄底修斯，踉跄地对着小树叶说些奇怪的事，想对它们唱一首赞美诗，又发现不

---

[1] 翻案诗（Palinode）：颂歌中取消或放弃原作中的某些内容。——译者注

行，抱歉地希望能写首翻案诗。也许，这正如但丁喜见碧翠斯后写了一首十四行诗，又再写成一首散文诗，以解释那十四行诗；或者像列奥纳多见了紫罗兰后画出一张张素描；或者像奥登夫人听了济慈[1]对她朗诵的诗篇惊喜万分，目不转睛地注视着。荷马是对的，美可以拯救生命（或者它就像但丁的书名《新生》一样是去创造生命，或者像里尔克的命令"你必须改变生活"那样地改变命运）。荷马是对的：美促使我们思考，以及寻找先例。但又怎么看不朽之物呢？荷马在这点上不一定是对的。譬如，这个翻案诗的现代例子就没有先例，那么，在抽象指涉有存疑的情况下，对真理的向往与充实还稳定吗？

* * *

马蒂斯[2]从未想过拯救生命，但他一再说希望自己的画宁静、

---

1. 约翰·济慈（John Keats, 1795—1821）：英国浪漫主义杰出诗人，擅写爱情、自然等主题，与雪莱、拜伦齐名，代表作品《夜莺颂》（*Ode to a Nightingale*）取自古希腊神话的《恩底弥翁》（*Endymion*）等。——译者注
2. 亨利·马蒂斯（Henri Matisse, 1869—1954）：法国著名艺术家，野兽派创始人，风格独特，色彩鲜明，与毕加索同为20世纪重要画家。——译者注

美丽，让人看了就会把其他问题搁置一旁。对我来说，他的"尼斯"系列就有这样的效果。我的房子虽然内部很简单，但有许多靠着花园的窗户。花园带给朴素的房间诸多色彩，薰衣草的紫、粉、蓝，以及一池子的绿。有一个冬天，我十分沮丧，因为我的房子在地下室，所以，我将马蒂斯的复制画全贴到墙上，总共十三幅，同在一间房里。整个冬天，我对着它们凝望，现在回顾起来的一件事是，它们使我对过去不喜欢的棕榈树感到讶异。

"尼斯"系列背后呈现的先例是棕榈树的复杂性；或者更精确地说，每一幅"尼斯"画都是银莲花与棕榈叶完美交错。我见到的银莲花总是淡紫与红、黑色拼缀，并出其不意地展现在绢薄如花瓣的窗帘、枝条、遮阳伞和桌布上，之后小面积色彩突然从边缘消失。但我完全忽略了在这表面背后的东西，那棵俄底修斯曾见到的、在阳光下蓬勃生长的、年轻的棕榈树。

棕榈树的最大特色在于它的条纹光。棕榈叶把阳光裁成条纹。即使当它不动时，阳光与空气也使得叶子闪烁、移动，如果真有微风吹来，那么这些条纹在连续摆荡时也不会失去完美的直线。马蒂斯将这种效果转换到他画的"尼斯"画中的许多

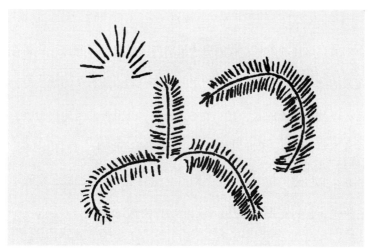

阳光与棕榈叶

房间里。题为《尼斯室内,拿书坐着的女人》[1]之画的结构是以曲线和棕榈叶的弧度体现在窗帘、椅子和女人的圆形弧度上。这条纹状的叶光无所不在,充满了整个房间:洒在那倾斜及笔直的长条玻璃窗百叶上,映在画上右下方的蓝白直条布及其镜像上,洒在女人的衣袍上(宛如长在树干上的一排叶子离开绘画的中心点),以及呈现在房间里大面积的色彩条饰上。画面

---

1. 马蒂斯:《尼斯室内,拿书坐着的女人》(*Interior at Nice, Woman Seated with a Book*),创作于1920年。——译者注

左上方，高于女人的上方，挂着如杯状向外弯曲的弧形复叶，其颜色——红、蓝、绿，成了这房间其他地方的主调：它标示出了植物先例，以防人们没有注意到那墨绿色棕榈（在窗户的右上方可看见，我涂了黑墨作为标示）。光线时有时无，进进出出，以轻快的步伐穿梭整个房间。它从眼前飘过，刺激视觉，以空中旋转花体的跳跃动作鼓动它（我的朋友称之为视网膜的华丽曲）。这幅画仿佛是用棕榈复叶画的，或者就像复叶只是躺在画布上，传出沙沙之声，到处留下自己的足迹。

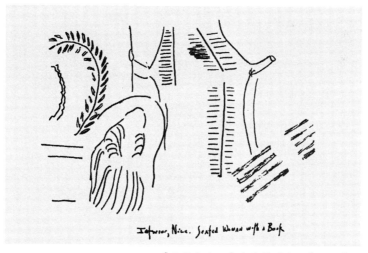

《尼斯室内，拿书坐着的女人》 马蒂斯

在《我在宾瑞法吉的房间》[1]的这幅画中,条纹等同于静止的闪光,经由粉黄壁纸条纹与丝布单人沙发的曲线完成,这里的叶光是如此集中,简易地把沙发的一小区块变白。柔软的沙发就像《尼斯室内,拿书坐着的女人》画中的女人,是新生的棕榈树。阳光集中于此,然后朝不同方向洒落,如同一根银线在交织接结处忽隐忽现,并不是一件已完成的织物,而是正在编织的过程当中,这银光在我们眼前跳跃,穿过条纹,在格网引线下忽明忽暗。它就像海洋表面上画的白色海中航线,海神之女涅瑞伊得斯正在潜水出没。

失踪的棕榈树印 《我在宾瑞法吉的房间》 马蒂斯

---

1. 马蒂斯:《我在宾瑞法吉的房间》(*My Room at the Beau Rivage*),创作于1918年。——译者注

记值得注意。几乎是这个快到画面背后的景物具体指出了如此大面积且清楚分布在绘画前景的东西是什么了。这棕榈树出现在马蒂斯所有的,或几乎所有的"尼斯"系列画中。然而,如同室内对面的这棵小棕榈树一样,画面上专注于实际棕榈树的面积非常微小。它在《尼斯室内,拿书坐着的女人》画面中占三十分之一;在《我在宾瑞法吉的房间》中占五十分之一;在1920年创作的画作,如《早茶》[1]、《坐在沙发上的女人》[2]、《静物:帕斯卡思想录》[3]、《在窗前的一瓶花》[4]等每一幅画里,棕榈树仅占总面积六十三分之一至五十分之一。

更进一步说,画面上很少清晰展现棕榈树特殊的复叶,且从未出现过叶子本身。窗帘、墙也许是条纹的;一盆花、地板、人物也许是条纹式的;桌、床,或椅也许是条纹的,复叶是唯

---

1. 马蒂斯:《早茶》(*The Morning Tea*),创作于1920年。——译者注
2. 马蒂斯:《坐在沙发上的女人》(*Woman on a Sofa*),创作于1920—1921年。——译者注
3. 马蒂斯:《静物:帕斯卡思想录》(*Still Life: Les Pensées de Pascal*),创作于1924年。——译者注
4. 马蒂斯:《在窗前的一瓶花》(*Vase of Flowers in Front of the Window*),创作于1924年。——译者注

《早茶》 马蒂斯

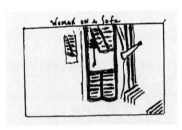

《坐在沙发上的女人》 马蒂斯

《静物：帕斯卡思想录》 马蒂斯

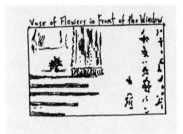

《在窗前的一瓶花》 马蒂斯

一不容许有条纹的。《静物：帕斯卡思想录》大概是个例外，仔细检查那非常小的树，绿枝内侧杯状大小的粉色块开始摆动，房间里面，窗帘与窗台板交接处有了浅灰与粉色的色块，窗台下有了艳粉与灰色的条纹。这树冠典型得就像西兰花的干节，有时缺乏躯体，甚至被安排在画的下半方。它提供了一个短暂的致意，是这先例使前景中充满阳光的表面移动起来。这棵树是画中唯一没有棕榈样式的，这就好像当马蒂斯在他的画上绘了一盆银莲花、旱金莲或百合科贝母属风格的时候，房间里到处充满这些花的形式，唯独它不允许有此形式。

"尼斯"系列中的《画家与他的模特，画室内》（*The Painter and His Model, Studio Interior,* 1919）明确表达出棕榈复叶是马蒂斯的"模特"，更确切地说，是他绘画的工具。也许棕榈树在此被公开致意以及被采用，是因为绘画显而易见就是关于画的行为。这个房间充满了阳光。黄色、米色、金色、白色，这些颜色占据了房间表面的三分之二，同时也堆砌着薰衣草紫与红色，滑落至充满阳光的窗帘、墙、人、桌、椅、柜的条纹上。窗户上的棕榈树似乎占表面的少量部分，只有三十五分之一。不过，不像其他"尼斯"系列的画作，这幅画在此鲜明地"自我宣布"，现在这棕榈有着引人注意的复叶。它是棕色的，像画家的笔，只有一个柄而无毛刷，宛如是由树提供的，好似这棕榈被女人的身体中断，是他继续握取的工具（如标题所示，技术上这女人为模特，但实际上，这棕榈树看起来比她更像模特）。棕榈树不仅当他的模特，而且是启发他或使他渴望复制的东西，更是他所要呈现的材料。它是他企图达到的目标，他用手靠近它，把它按在他

《画家与他的模特,画室内》 马蒂斯

捕捉到光线的画布表面,这是"画笔"和"绘画"动作形象的表述。棕榈式的条纹在我们的脸上和眼睛里激起交错跳跃的银光,好像是这画反过来画我们,叠光摇曳,穿过我们的皮肤表面。

其他描述构图行为的"尼斯"系列画作也表明棕榈树是绘

画的工具。在《早晨时段》(The Morning Session, 1924)中,女画家穿着一件盖住她的肩、臂、腰、腿的黄黑色条纹衣服,这些垂直的线条连到她的腰际时,变成了水平线,犹如阳光闪烁,到膝盖处又变成垂直线条,垂下

《早晨时段》 马蒂斯

至地。她坐在一面红白线条墙前,蜜桃色的长条纹落在窗户、墙上和她的画布背后。由于她坐姿的角度,她的画笔看起来仅有柄而无毛刷(正如《画家与他的模特,画室内》中男子手拿的画笔),不过,高于她手的上方,很凑巧地,有棵冠叶茂密的棕榈树远远地直立着。

创作的视野拓展为听觉的构图,在名为《年轻女子在打开的窗前演奏小提琴》(*Young Woman Playing the Violin in*

美与公正

On Beauty and Being Just

《年轻女子在打开的窗前演奏小提琴》 马蒂斯

Front of the Open Window，1923）的画中，窗外的棕榈树丰富了音乐家手上的弓，把她的弓继续延伸成一只画笔。她被三面条纹墙环绕着，在她头顶上方是个偌大开敞的窗户，有着开阔的天空、大海、帆船，以及棕榈树，好似她所演奏的音乐情景，一幅以她的弓绘成的画。

三十年之后，马蒂斯仍然画着窗外的棕榈树，现在则是全面性地对先例致敬。这些画好像是俄底修斯的翻案诗，认可了那棵曾经被他疏忽的树。1947年，棕榈树并非只占六十三分之一、五十分之一、三十分之一，而是四分之一。到了1948年，它约占二分之一。棕榈树变成了主要的题材，之前它所启发的特殊形式被剥夺，现在却是画作上唯一以明晰的叶光条纹着重表现的东西。在《静物与石榴》（*Still Life with Pomegranate*，1947）中，棕榈树由蓝光背景下数百个绿色线条组成。在《埃及窗帘的室内》（*Interior with Egyptian Curtain*，1948）里，棕榈树以千百个黑、绿、黄、白色条纹构成。画作《大幅红色室内》（*Large Interior in Red*，1948）中，挂着一张黑白图画，画里窗外与室内各有一棵棕榈树，在棕榈叶上用棕榈叶画棕榈叶，这是画家的材料、工具与主题。

* * *

我一开始阐述，美丽的事物带来驱使力量，激发欲望，带给世界新东西：婴儿、史诗、十四

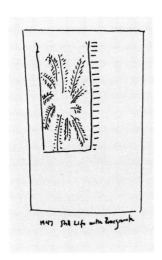

《静物与石榴》 马蒂斯

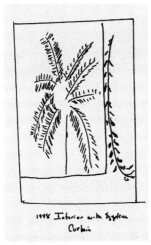

《埃及窗帘的室内》 马蒂斯

行诗、素描、舞蹈、哲学式的对话和神学论述。但我们很快发现，自己也在回转身，因为提升我们的美丽面容和歌曲驱使我们向前，到一个新境界，呼唤我们，引导我们，在任何新东西的产生下，重新发现并重新复原它们。美特殊的柔和性和弹性是教育中适应性与责任意识的模型。它推动我们往前、往后，需要我们去开拓一个新领域，但又会强制我们去把那离我们年代近的、稍久的，甚至是古代的领域连接回来。马蒂斯相信他画的是内心的生活。正因为有这种弹性，我们在他的画中到处看见叶光，细长的棕榈叶柔顺地体现了内心的宽阔。即使没有了不朽性，也仍然具备同样的特质，比如充分性与包含性。

　　一旦神圣的领域不再被人相信或受到感召时，就会引发有关美的一个特别的问题。倘若一个美丽的年轻女子（比如娜乌茜卡），或一只小鸟，或一只花瓶，或一首诗，或一棵树的背后有着形而上的哲学性，那个领域便会验证我们授予女子、小鸟、花瓶、诗、树的重要性以及我们对物象的注意力。但是如果没有了这样的抽象范畴，一个人或许会感到失落，不仅因为欠缺此范畴所导致的亏损，更因为如此一来，女子、小鸟、花瓶和画无法单独地为其自身美的重量作出解释与辩护。如果每一个物象都要求我们的注意力，但是除了自身之外又没有目的地，它们就显得以自我为中心，过于脆弱而无法承受我们给予它们的高度重视。

美的东西正如马蒂斯所表现的那样，它总是带来其他世界的致意。观者被画家的叶光包围后必然被带到彼岸，就像俄底修斯不可避免地被带回德洛斯一样。美丽的人或物，其背后有相同的无不朽性的结果：观者被引领去注意更大的世界，想要更充实。无论是偶然走到阳台上，或是在白天休息时追寻一只猫头鹰的飞行线，或是发现自己被水冲到娜乌茜卡面前，或是面对一棵紫荆，或站在《拿书坐着的女人》的画面前，棕榈树总是会被找到，因为棕榈树本身就是寻找的方法。物质世界限制我们，使我们看每一个人和每一件东西都在特定的时间、地点、历史环境中，这种限制常常带来很大的好处。但是精神生活并不这样约束我们，它有渗透性，对空气与光开放，向前摇曳又向后摆动，将它的条纹散射到每个方向，愉悦地发现它停在一个也许只是那个早晨才创造的东西里头，或者是站在三千年前的一个圣坛旁。

这种特别的可塑性和灵活性使得美丽与错误相关，因为它使一个人与自己的错误相对：被美触动的那刻起，心就开始去创造或回想；通过这些创造或回想，很快发现起点的局限性；如果这个局限性是可以被发现的，我们反倒会发现美丽事物的有限性。虽然我在此着重讨论充分性及过度低估的失败，这些牵涉到看不见某些事物之美的错误，如同狄金森、霍普金斯、莎士比亚的诗文所示，同样的结果也会在过度高估的进程中发生。尽管如此，错误的类别有一种奇特性，当这美丽的人或事物看起来不再美的时候，通常会遭到观者的拒绝、责骂，甚至弹劾，将其视为无价值之美的使者或候选人，就好像这人或物不但现在美，而且宣称他们过去也美，将来也会永远美下去。[9]不过，那当然是我们在向别人宣布或允诺关于这些美丽事物的持久性，而不是茅德·冈（Maud Gonne）、蒙娜丽莎、《夜莺颂》、沙特尔、猫爪花、鸽子、甜豆、棕榈树等这些美丽的人或事物在承诺。

如果有一天棕榈树不再美丽，它算不算没有履行诺言呢？

霍普金斯为这树辩护：

不，这热带的树，它的树叶没有义务在四季里永远完美，且冬季本就没有快乐生长的树叶。

责怪无辜的物体不再美丽的倾向，也许可被称为反对充实的倾向。这种情况引发的是对责骂者认知胸怀的疑问，而非被责骂的物体有问题。

许多人性的欲望与欲望的对象相连接。人渴望丰盛的食物，奇妙的是，这种对饮食的欲望会在一顿美食中结束。然而，我们对美的渴求比起美的物体更加持久，正如康德所观察到的，我们从美那里得到的快乐不同于其他种种的快乐，它是取之不尽，用之不竭的。美的东西不管能持续多久，都不能中断我们对它的渴望。如果一个物体的美与它的生命持续得一样长，像这蓝色杯状的牵牛花来回在黎明怒放，午间枯萎，并不会被错认为失去其美丽。当它死后，我们甚至还想继续接触它的美，就像亚里士多德面对一株萎谢的鸢尾花时，并不离开，而是追踪它深色变幻的位置。又譬如说,当玫瑰花掉落的时候,里尔克没有转身而走,却是描述这花甩落花瓣时的雍华姿态。

但是如果这个人或东西存活得比自身的美更长久,就像一个令人陶醉、狂喜的面庞过了两年,到第三年时,不再如此可人;一只心爱的花瓶在某天变得只是让人喜欢而已;或者是一首十年来大家都喜欢的诗,其内容却被后来的读者无法理解时,那么这人或东西有时不单单是被弃之不顾,反而是被指责或攻击,好像它叛变了似的。但是美丽的人和东西完成的工作是集体性的,不同的人与东西对这工作的贡献时间长短有所不同,有的持续三千年,有的只有三秒钟。一只花瓶也许抓住了你的注意力,你转向它、注视着它,你仍旧很小心地凝视着它,忽然间它的美不存在了。难道这对象的美是假的?还是说,美是真实的,只是短暂罢了?三秒钟对美的凝望可以使脑中产生小波澜以及不断被润湿,观看其他宏伟的物体时这种现象更持久。

谢默斯·希尼表示,假如我们的车行驶在风雨交加的道路上,为眼前所见的场面所震撼,试想把车停好则会看得更加清楚,那就犯了一个错误。景象就在路途中。当一个人继续发现"更好""更高""更真实""更充实""更广泛认同"的美的形式时，我们对那些比较不好、不高、不真实、不长久、不通用的事例的态度又如何呢？西蒙娜·薇依说，那些走得更远、到达世界最美处的人，对这些美的爱非但没有减少，反而比以前更深刻。

* * *

我在此试着提出"美与真理为盟"的观念，但并不是说凡是美的就是真理。当然有些东西如同"一等于一"的陈述，是美与真理的聚合。这也许是为什么过去二十年里美的语汇在人文社科里不再被提起，反倒在一些公开讨论真理的领域中被提到，比如数学、物理、天体物理、化学、生物化学等学科。在日常的实验室与课堂中，参与者的用词是"好"问题、"漂亮"的理论、"美丽"的解法，处理方式很"优雅""简洁"。然而，参与者对于一个美丽的理论是否必须是真实的，或独立于真理之外，有不同的看法。[10]

这几页的内容里谈到美与真理是结盟的，但并非宣称二者相同，也不是说一首诗、一幅画、一棵棕榈树，或一个人是"真"

的，而是说，美通过给予我们几乎没有其他不请自来、自由接收的感知事件所享有的光亮度，以及信服与犯错的经验，挑起我们对真理的渴望。

美会有错误，会引起争论，有多重性，为此，美在过去几世纪里经常被藐视，这种倾向有时被引来作为"美是虚假"的证据。事实上，我们对真理的追求就是美所造成的影响。美导致但不执行对真实性的追求。美来到我们这儿不需要我们的努力，但之后，美使得我们作出巨大的努力。

原著作者注解说明

本书采用的非英语著作之英译本在以下注释中标示。引用的原文若是英语,则不再标注,除非是不同版本中有所变化的,像艾米莉·狄金森的例子,或是读者比较不熟悉的作品,比如艾丽丝·默多克1967年演讲稿集结之书。

[1] 所有引自但丁(Dante)《新生》(*La vita nuova*)这本书的文字皆是以马克·穆萨(Mark Musa)的翻译本为主。纽约:牛津大学出版社(New York: Oxford University Press,1992),XV,XVI,29,30页。

[2] 马塞尔·普鲁斯特(Marcel Proust),《追忆似水年华》(*Remembrance of Things Past*),C. K. 司考特·蒙克里夫(C. K. Scott Moncrieff)及特伦斯·基尔马丁(Terence Kilmartin)翻译,纽约:企鹅/蓝登出版社(New York: Vintage-Random House,1982),I:706—707页。

[3] 西蒙娜·薇依(Simone Weil),《世界秩序之爱》(*Love of the Order of the World*),在《等待上帝》(*Waiting for God*),艾玛·寇弗德(Emma Graufurd)翻译,莱斯里·A. 费德勒(Leslie A. Fiedler)导言,纽约:哈珀与罗尔出版社(New York: Harper & Row, 1951),180页。

[4] 艾米莉·狄金森(Emily Dickinson),《艾米莉·狄金森诗选:集注版》(*The Poems of Emily Dickinson: Variorum Edition*),R. W. 富兰克林(R. W. Franklin)编著,坎布里奇:哈佛大学出版社,贝尔纳普出版社(Cambridge: Harvard University Press, Belknap Press, 1998),785页。其他版本中不同的措辞也在同页中标示出,感谢海伦·文德莱(Helen Vendler)提示我注意到这首诗以及我引用多次的另一首诗,杰拉德·曼利·霍普金斯(Gerard Manley Hopkins)的作品《终点的开始》(*The Beginning of the End*)。

[5]我用的是罗伯特·法格尔斯(Robert Fagles)翻译的《奥

德赛》(*The Odyssey*),伯纳·德诺克斯(Bernard Knox)导言,纽约:企鹅出版社(New York: Penguin,1996),卷6,168—172页,175—186页。大部分引言取自卷6,也有一些取自卷5或卷7。

[6]奥古斯丁(Augustine),《音乐论》(*De Musica*),W. F. 杰克逊·奈特(W. F. Jackson Knight)翻译,在《艺术与美的哲学》(*Philosophies of Art and Beauty*),艾伯特·霍夫斯塔特(Albert Hofstadter)及理查德·库恩斯(Richard Kuhns)编著,芝加哥:芝加哥大学出版社(Chicago: University of Chicago Press,1976),196页。

[7]娜乌茜卡在海滩向俄底修斯致意,不久后,当俄底修斯到达城里,雅典娜也同样如此:"当他即将踏入这个欢迎之城时,那有着明亮双眼的女神向他致意。"致意作为美的想法出现在许多古典、中世纪、文艺复兴时期的文献中,在《柏拉图》里,美是"清楚的辨识力";阿奎那重视清晰特质;艾尔伯图斯·麦

格努斯（Albertus Magnus）以及费奇诺（Ficino）则把美视为"招呼"。在但丁的《新生》中，美作为致意的概念不只是主题或论证，更是一个结构的原则。整部书便是由一连串的致意组成的："正是那天下午三点，当她甜美地向我行礼时。"但丁叙述他和碧翠斯的相遇，他的第一首十四行诗便这样开始了："我向每一个充满爱意的心和震动的灵魂……致意。"致意不管是给予性的或接受性的，它贯穿了主要的行动和事件。这个主旨持续了几世纪。当詹姆斯·乔伊斯（James Joyce）笔下的林奇（Lynch）宣布自己要为美奉献时，斯蒂芬·迪达勒斯（Stephen Dedalus）的反应是，举杯致意祝贺。

[8]英文的"精力充沛"（energetic）和"融化"（melting）二词在席勒（Schiller）《论人的美学教育一系列书信》（*On the Aesthetic Education of Man in a Series of Letters*）的第十六封信中有不同的翻译。参见雷金纳德·斯内尔（Reginald Snell），纽约：弗雷德里克·安格（New York: Frederick Ungar，1954）；伊莉莎白·M. 威尔金森和 L. A. 威洛比（Elizabeth M. Wilkinson and L.

A. Willoughby），牛津：克拉伦登（Oxford: Clarendon, 1967）的译文。

[9] 莎士比亚的十四行诗（以及少数几件其他美丽的东西）公开承诺将永远美丽，但大部分美的东西不会这样作出保证。它们看似作出这样的宣告是因为它们一旦进入我们心里，让它们永远保持现在模样的愿望便同时产生。这两个事件是如此连接，仿佛是在宣布它们会永远像现在这样。

[10] 举例而言，一方面，物理学家托马斯·艾普奎斯特（Thomas Appelquist）曾告诉我，在特定物理学上，一个理论的美是假设它有真实性；另一方面，实验天体物理学家保罗·霍罗威茨（Paul Horowitz）劝告新的物理学家们，当他们提出一个漂亮的理论时，不要假设它就一定是对的。这两派意见在这两门学科中一定都会找到。

第二部分 美与公平

人文科学在过去二十年里排除美,是通过一系列对美的政治性抱怨而实现的。不过,我要指出的是,反对美的意见本身并不一致。美对于它被安上的罪名,最起码是清白的,甚至有可能美非但不会阻碍我们对不公正问题的注意力,反而会强化我们企图补偿已经存在的伤害。我试图阐释美的特色如何对我们施加这样的压力。

当我说美被排除,并非指美丽的东西被排除。人文学科是由美丽的诗篇、故事、绘画、素描、雕塑、电影、散文、辩论等组成的,正是这些东西每天吸引着我们。我指的范围小些,是说讨论这些东西之美的对话被排除,我们虽与这些物体同在一个空间(乃至将它们放到我们的内心深处,认真学习,总在胸前与上臂中紧捧着,尽可能多地把它们放进我们的书包里),却只能轻声细语谈及它们的美丽。

反对美的政治论点并不一致

对美的政治性批评是由两个独特的论点组成的。第一个论点强调美吸引我们的注意力,分散我们对社会不公平事物的关注,以至于对正义的安排或计划变得漠不关心。第二个理论是,当我们注视美丽的东西时,我们对这物体会有持续性的凝视,从而我们的行为就会被此物干扰,尤其是当我们注视人的脸庞与形状时,这个观点经常被提到。然而,美丽的东西如果是一只可怜的鸽子,或是爬满甜豆的藤架,或是从未被翻过的书首次翻了第一页时,也被假设为同样的案例。这种抱怨引发对"观看"行为的总体否定,看的罪行就是把所仰慕的东西"具体化"。

不管这些论点所提到的,或论点本身的优点是什么,明显的是,二者一开始便不像是真理,基本上互相矛盾。第一个论点假设我们的"凝视"可以被诱导到一个方向上,并且锁定一个明确的对象(比如需要解决或修改不公平事物),我们充裕的注意力对这个明确的对象就有好处。第二个论点假设注意力真是不可思议的,任何一个被人们注视的物体不知怎么都会遭受痛苦。这两个看法互相冲突,有利于第一个说法的证据令第二个说法的准确性出现疑点;反过来说,有利于第二个论点的证据就不利于第一个。

举例而言,如果一个反对美的意见最终说服了我们,让我们认为一些人的脸庞,或形状,或是一只鸟,或是一排甜豆通常会因为被人注视而受苦,那么,当第二个反对美的意见抱怨着美使我们不关心社会不公正时,我们松了一口气,因为不管它们正在受什么样的苦,至少它们没有因为我们在观看它们而倍感痛苦。[1]反之,如果我们被说服:美使我们不注意痛苦,但是,我们对痛苦的注视会减少其痛苦。倘若如此,我们就必须假设人的感官不会毒害他所朝向的物体,而且完全可以是良性的。

看起来这两个反对美的意见相互分歧的程度要大于它们与我们之间的冲突,我们应该鼓励它们互相争论,让它们一同消除反对的立场,使我们再度自由地谈论美。可是,岁月轮回,几十年过去了,这两个观点还争执不休,从未被摆放在一起。虽然争论可能是激烈的,并使人不悦,我们在此还是得花点时间辨析这两个不同的观点。

　　反对美的意见可能会为这两个观点的一致性辩护，也许会有如下的论点：不是说我们之中有些人拥有良性的感知，有些人拥有恶性的感知；说的是两种完全不同的感知——快乐的感知（比如，听见高处鸽子的甜蜜喃叫，或来自遥远山丘的鸡啼）不合乎道德，而厌恶的感知（比如听到收音机里一种观点被系统化地封杀后感到不平、恼火）才合乎道德。但是，我们几乎很难想象任何有情感的人会勒令他人，只允许他人拥有不悦的知觉。更重要的是，如果你对不公正事物非常注意的话（因不公正会产生伤害，给受害者带来痛苦），你必须同时要求自己永远保持一种警觉度，使得自己能够对美丽的视觉影像和声音的到来也有所感知。如果我们没有严肃地参与争论，我们如何去注意到，甚或关心到某个政治组织里只存在单一的经济观点呢？争论的本身就是个美丽的对象，充满了正反论点、智慧、精神、反驳、反讽、考验、抗辩。更进一步说，如果一个人不听鸟鸣与诗歌，又怎能听到这个争论的微妙处？

　　我们的两个反对意见也许会说它们可以解决关于美的这两个

美与公正

On Beauty and Being Just

明显互斥的论点。对此，它们另一种可能的解释就是，被动的知觉没有任何意愿去改变一个人所见所闻的视觉与听觉（就像美丽事物发生时），是不被接受的；而手段性的知觉可以干预及改变一个人所见所闻的视觉与听觉（就像不公正事件出现的时候），则是好的。但是，只要片刻的反思就会看出这只是对先前所提出的"愉悦感知是不道德的，而厌恶感知是符合道德的"另一种说辞。此观点试着把整个感官系统功利化，这样的做法只有在高度应急的情况下才值得赞赏。

本章立论乃美不会像它所被指控的那样带来社会的不公正，也不会像一位不知情的旁观者那样对不公正采取中立的态度。美，实际上对我们解决不公正的问题有所帮助。这种帮助不仅要求我们不断地有敏锐的知觉，包括视、听、触觉的高度守候，而且对我们有直接的指示，这个论点在本章下一部分将会详述。下一段的内容则是反驳美所受到的两个攻击论点，由于比较针对第一个论点，即所谓美使我们不重视正义的问题，在此有必要先非常简单地讨论第二个论点，也就是说，美把观察者带进一种物化的感知。这个论点有两个主要的缺陷。

从力度与范畴来看，这个论点的构成方式似乎概括所有美的物体，比如，约翰·多恩（John Donne）[1]或约翰·济慈（John Keats）的诗、珍珠母罂粟花、东西方神、人的容颜和建筑。虽然明显被引用的特例总是限于美特殊的一面，即人之美，就算我们相信了观看美的容颜及形状会对我们所欣赏的人有害，不大清楚的是，那么为什么面对整个大自然和人为艺术、物理与超物体的美，我们就不秉持这种态度了呢？我们的责任似乎顶多就是放弃互看的快感。

对于这样简化的概念，反对美的意见并没有深化其观点，使得有关美的对话沉寂。假如这个反对美的意见，或其他的批评扎实得像布告或契约般（有着充分的论证及例子），其不合理处将会暴露无遗，影响层面也会降低。这些批评的形式说得不太清楚，又坚持信念（如同冬雪在天空中形成物质，既不降落，也不在地面堆积），常常侵入原本活跃的论文、散文、考试、对话。突然间，出乎意料地，有些人开始谈论诗人如何具象地描绘一

---

1. 约翰·多恩（John Donne, 1572—1631）：英国詹姆斯一世时期的玄学派诗人，作品涵盖十四行诗、爱情诗、宗教诗、隽语、挽歌以及拉丁译本。经典诗句："没有人是一座孤岛。"。——译者注

座山坡和他所注意的绘画或花朵。

一种识别这种狭隘论点的办法是测试不同类别的美的物体，那些不仅为西方国家的人所喜爱，也为其他地方的人所喜欢的各类物体的美。人物之美是世界性的，同样地，神之美、花园之美、诗之美亦是如此。让我们谈谈神、花园、人物与诗。不过，先把人物暂时搁置，只看其余三种。

如果当这物体本身不会被伤害，如同有威力的神或本身无知觉的诗时，认为"注视美的东西会伤及那被注视到的东西"的说法便毫无意义。许多故事把神放在一种危险的情境，但这种故事通常是关于神的免疫力，以及无信仰者或异端者的固执。不论是出自什么事件，那些攻击神的人并不注意神的美。彭透斯[1]鄙视酒神狄俄尼索斯的双性美，反倒是那些崇拜酒神的狂热者不遗余力地赞颂酒神的头发、身体、声音、舞姿、酒，以及他戏剧式的仪式。耶稣的面容和身体之美启发了阿奎那的美之三分法：完整性、均衡比例和明晰度。这个著名的创见也成为

---

1. 彭透斯（Pentheus）：希腊神话里底比斯国王，是酒神狄俄尼索斯的表弟，不满民众崇拜狄俄尼索斯，将狄俄尼索斯和信众关起来，后来，酒神获救，彭透斯被自己的母亲误伤。——译者注

几个世纪以来美学辩论的关键词,从乔伊斯笔下人物斯蒂芬·迪达勒斯和他的朋友林奇的对话中尚能看到。耶和华禁止人们正面看他,但只有人类注视者而不是耶和华,能被这样的凝视举动所害。人们看不见上帝,希伯来经文却崇尚上帝容貌之美及其正义感:"让上帝的美亲临我们。"[2]印度教与佛教徒对其神也抱持这样的态度。菩萨莲花般的唇、眼、手、姿势不是经由诽谤者,而是仰慕者之手在石头、木头上雕琢而成的。

倘若,我们的物体是完美的(神),或无知觉性的(诗、花瓶),注意它们的美并不会造成伤害。并且,如同这些例子所示,它们还因此受益。美的诗歌不会消失,或至少不会被看不懂美的外行人修改。一个葛雷牌的手工艺术花瓶,表面是深青色李子和紫叶垂挂在柔和的棕色光下,虽然它是无知觉的,可因人的疏失而被损毁,但注意到它美的人会增加它被谨慎取放的可能性。

可能有人要提出异议,一篇不是那么美的诗或一只没有那么美的瓶子,会因为不受人注意而得到较少的保护。这个异议在关于美的对话中必然会发生。由于我被枫树与栗子树

美与公正

On Beauty and Being Just

吸引，我对文化上不熟悉的树种并不留意。这个现象可简称为侧面忽视问题。也就是说，每当我们注视一个物体而为其带来益处时，在它附近的同一类物体就没能同样享受到这些益处。我们稍后会进一步探讨侧面忽视的现象，现在比较重要的是聚焦以下几点。

首先，无论这个现象是否确切，它对我们现在面对的观点毫无帮助，这个观点是说我们的注视会给神、诗、花园、人物及花瓶带来伤害。侧面忽视这个问题的假设前提是我们的凝视是好的。这个问题令人担忧的是，我们没有去看那些和我们看的东西类似的，但不够完美而无法吸引我们注意的东西。就像那些针对社会不公正而提出的政治性控诉被忽视一样，这个侧面忽视问题其实明确肯定了人类注意力的价值。第二，写得不怎么好的诗或政治辩论不易于保存，但这并不说明对这些东西缺乏保护是因为我们侧重写得更好的诗或政治辩论，或因为我们更珍视其他东西。假如我正要将一个花瓶放到宽大、安全的壁架时发现另一个更好的花瓶，于是我就把第一个花瓶随便安置，这样还有点道理。更有可能的是，这些完美的花瓶、神和诗所要求的关心指引着我产生一种照顾的标准，使得我开始把这标准拓展到一些较为平凡的物体上。我也许开始注意，破天荒地关心和担心我对那些普通物体的忽视，在仔细观察后又发现它们并不那么一般。出色的花瓶不仅没有转移或抢走普通花瓶的易碎本质，反倒令我认识到花瓶都是珍贵的，遂主动把这观点延伸到同一类物体上。我认为敬仰的原因不仅是美丽的上帝，还有圣母或她旁边的天使。一个诗人最好的诗作应该发表，甚至他那倒数第二却近乎完美的草稿也需要发表。那些纵使有缺陷的政治辩论也应该记录下来，作为见证议会盛衰时刻的公共档案。特别出色的东西带来两方面的好处：一是，不需要我们邀请，它就对我们提出要求；二是，它带来压力，令同样的标准平行发展。这种分配式的压力是美丽的人或事物的一个不寻常的特征。当一个观者赞颂第一个物体时，第二个观者好似合弦般要求我们爱屋及乌，给予第一个物体旁的东西同样的爱，这应该不妨碍我们把这两件事一起看作是那个美丽物体所带来的合成事件。

现在我们需要回到我们所关心的架构上，即注视者对被注视的一方有害的说法，是否能概括其他类型之美的事物。就我们目前所提到的美丽事物，感知性危害的论点并不适用，这些美丽的事物不管是因为全能和完美，或是像艺术品本身那样无知觉，它们是超越危害的。当然，有些东西既不全能也不是无知觉，而是高度脆弱的同时又具备高度感知力，或者更准确来说，是生气勃勃，因为感知力不分度数，人就是最直接的例子。也许正是这个原因，关于凝视会带来伤害的论点就是从这里开始，从人开始。

如此说来，我们是不是要因为一件东西有了活力便不视其为美丽的东西了？我们可以看到为什么这种思路是错的，回顾一项我们刚讨论的内容，便会注意到，即使我们讨论的物体是全能的，或是无知觉的，它们被视为美丽的这件事似乎赋予了它们生命，或者，使它们像是有生命的样子。在有些例子上，或者在所有的例子里，这种现象可以被称为生命的模仿：每天早晨当太阳升起，照到葛雷制手工艺术花瓶所在的窗台时，琥珀色的玻璃随着光线膨胀，蓝棕色的李子在紫叶里飘来飘去，叶脉枝干带着活力。如此近乎生命的品质呈现在这美丽物体上，我们遂不能想象自己用粗暴的方式对待它。一想到荷兰画家让·布鲁盖尔[1]的作品《陶瓶里的花枝》(*Flower Stems in a Clay Vase*)有可能被切开、划破或被粗野地触摸时，我们会感到抽搐，仿佛肉体被割伤。这幅画表面被赋予的生命之礼与它的主题是花的生命无关。看看这些花，丁香水仙、玫瑰、贝母花、菖蒲、牡丹、风信子、百合，在被画进瓶身时早已被剪断枝干。无论画面上是一双弃鞋，还是画家透纳[2]所画的苍茫迷雾，或是画家克利[3]画的色彩，倘若遭受破坏，我们的脑子同样会感到抽搐。按照我们的保护标准来说，画布的表面已转变为半知觉，石头做成的神像在被瞻仰的那时刻起变得活生生了，就像里尔克诗中所描述的，阿波罗的唇在颤动，佛陀扬起了眉毛。

我们在第一部分中谈到关注美丽事物的那一刻给观看的人

---

1. 让·布鲁盖尔（Jan Brueghel the Elder, 1568—1625）：出生于绘画世家，17世纪荷兰主要画家，1607—1608年所绘的静物画以花卉为主。——译者注
2. 约瑟夫·马洛德·威廉·透纳（Joseph Mallord William Turner, 1775—1851）：英国浪漫主义风景画家，被誉为光的画家，以油画、水彩为主，创造了独特的风景绘画语言。——译者注
3. 保罗·克利（Paul Klee, 1879—1940）：瑞世籍德国艺术理论家，受表现主义、立体主义和超现实主义影响，画作抽象，强调色彩理论。——译者注

带来了生命。与此同时，在注视美的那一刻，也给被注视的物体带来了生命。美的和平特质部分源于对等地给予生命协定。然而，我们就要去注视人和花园——他们不仅在某些特殊情况下获得生命力，他们本身就是不容置疑地具有生命。问题是：这些本身就是活着的东西是否就不适于我们欣赏的眼光？

我们必须先抛开这个令人困惑的关于人的问题。我们现在要问的是：如果我们可以被说服去停止看人，难道这负面的伤害性的目光也能扩及其他地方，比如神、诗，以及我们正面对的花园？因为花是活的，它们（不像全能或无知觉的东西）能被伤害；但只要稍想一下就会知道，我们的眼光会伤害它们的这件事是不可能的。倘若禁止我们去观看它们也是非常奇怪的。花园的存在就是为了美，为了可以让人欣赏、散步、休憩。从这个意义上来说，有知觉的花园和没知觉（或像有知觉）的东西如诗歌和其他的艺术品、玻璃和画，这些之所以被带进这世界就是为了让美进入人的视线。由此而言，禁止注意花园或诗歌的美，比禁止去注视神和人的美丽更加奇怪。[3]许多传统中的神都被尊崇是美的，但是，神的存在并不是为了美，它们的美源于本身的完美,甚至是它们完美的一部分,所以这种美是不能从完美中被分开或独立出去的。如果我们停止称赞它们的美[4],那对它们的爱也会变得不那么狂热和广泛;但是看起来,我们(不赞美)的沉默并没有致命的后果。同样,人虽然常常是美的,但也不能说人的存在是为了自己美,即使我们必须承认父母孕子那刻,每一方都希望热爱对方的美。当然,我们可以想象,某人看到一座美丽的花园后可能会去践踏它[5],就像某人看到其他美丽的人或绘画时也许会去破坏。不过,这些行为已经触犯了法规。我们很难理解,为什么不用法规来解决问题,反而要改变观察的规则来适应那个破坏者。把花园和诗歌的美排除在感知以外,只会比偶尔的践踏行为更快地毁掉它们。只有当六节诗与耐寒的宿根花卉能够比法令存活得更久,世界才会继续有花园或诗篇。

至此,我们应当愿意认识到"注视者会伤害被注视的物体"是没有什么道理的。这对神、诗歌和花园是不适用的。除此,并无任何证据表明这概念可通用于其他地方。把这样的责难从人拓展到全世界的做法看起来是毫无根据的,应该放弃。注视

美与公正

On Beauty and Being Just

所有东西（神、花园、诗歌、月亮、银河、星星、蓝空、鸟、鸟语、乐器、草地、舞蹈、针织布、石头、楼梯，尤其是好散文，当然还有飞机、数学证明、海洋、波涛、浪花）是被允许的，只有注视人的美是被禁止的。可是，人有什么不一样呢？

我在一开始时就指出了这样的批判有两个缺陷：第一是它把人的问题概括到所有事情上，第二是关于人本身的说法。

不管我们对美最终的结论如何，人们花许多时间去注意别人的行为仍然会继续下去。人们从注视他人的容貌中获得愉悦感是毋庸置疑的。注视，如同我们先前所示，是一种创造的愿望，它与素描、叙述、构图等直接相关。当代在注视与凝视的问题上，唯独强调了人被注视后遭受痛苦的危险，这似乎有点奇怪，因为注视者的易受伤害性与被注视者一样，甚至大于被注视者。从前有关美的纪事都是说注视者在遇见美丽的人后感到震撼，甚至陷入险境。柏拉图在《费德罗篇》（*Phaedrus*）中详细说明这种不稳定情愫：一个男子看到一个漂亮男孩，突然间目眩神迷，不该当众发生的事在他的体内滋长。他开始战栗，接着出汗，时而兴奋、落寞，来回变换着崇拜的姿态，甚至开始为这男孩牺牲自己，只是当着众人的面，他为他的这种举止感到难堪。现在，他承受着无以言喻的刑罚，背部长出了羽毛，环绕他的整个肩胛骨。由于这羽毛使他从地上飞升了几英寸，他偷偷望见了一个神奇不朽的境界。不能否认的是，他内心感到的困扰与外表显现出的荒谬完全相吻合。在但丁的《新生》中，注视者也遭到同样的危险。面对碧翠斯时，但丁经历了一种慌乱，他全部的感觉都结集起来，被他刚接触到的面庞惊动。他无法动弹，可能被误以为是个"笨重而僵硬的物体"。

无论我们如何服膺那"历史性不同"的原则，我们很难解释这种矛盾的说法：为什么过去的注视者有着激烈的、易受伤害的气息，而如今却完全免疫？那些信奉历史主义的人也许会耸耸肩，轻描淡写地说："我们对美的看待方式不一样了。"倘若得到这样免疫力的结果是要求我们连美都要通通放弃，又怎能是个合理的答案呢？较好的回答可能是，不是我们看人的美不同了，而是我们根本没看见。也许，只有当一个人被弄得天旋地转，失去控制，或长了羽毛，或振臂疾书，起草诗句，他才能说他看见了另外一个人的美。本质主义者相信美在每一世纪继续不断存留,历史学家与社会结构者认为我们的深层思想受文化制约,在面临当今的疑难时,无须彼此驳斥,原因是我们对美的反应自古以来没有变化,或者是我们对美的反应有所改变,都是受限于文化的塑造。如果美可以由于我们的意志而改变,那么,我们可以令美随着我们的愿望自由改变。如此一来,我们应该会希望注视者的脆弱性与被注视者的相同,或者比被注视者大些。在这样的世界里,注视的快乐会发展出创造美的举动:一首诗、一番哲学对话、一出神圣的喜剧,或者像弥补一个伤口,填平社会非正义。要么美已经要求我们做这些事(本质主义者的观点),要么我们仅是自由自在地依照我们的意愿去创造最佳的美:一种会需要我们做这些事的美。

以上有关注视者在注视人时具有免疫力的案例(文学批评家与艺术史学家对此已有令人信服的证明)有两种可能的叙述:"在我们这个年代,我们看人美丽的方式与柏拉图、但丁不同。""在我们这个年代,我们再也看不见人的美丽。"如果第二个说法是对的,那应该被责备的不是看见美,而是没有看见美。需要催促去做的事也不是排除与禁止美,而是让美立即返回。第三种说法是记载的事件尽管足够真实,也是非常规的。事实上,"在我们这个年代,我们看人美丽的方式与柏拉图、但丁一样",这个观念可以得到许多论点的支撑。我们不仅看到许多新的发明,还有像诗人里尔克(被玫瑰刈伤,然后刺死)那样为美而死的人,并且有我们日常经验作为佐证。举个简单的例子,我们不是经常在等公交车的时候,突然看见美丽的人走过,自己就失魂跟跄,绊倒在路边,丢三落四地把包落在了车上(仿佛是给予美礼物,或者为美牺牲似的),任那公交车扬长而去吗?

如果给予今天的注视者一个机会,让他和被注视者一样美丽,又保持自己原来的特色时,这个注视者会拒绝这种邀约吗?如果我们真的相信"注视者威力无边",而"被注视者完全脆弱,易受伤害",难道我们不拒绝这个请求吗?为什么要因为自己变漂亮而带来风险?为什么要把已经美丽的人变成一个无动于衷的监视者呢?话说回来,注视者会不会很高兴地接受呢?

当普鲁斯特在火车站看见一个有着红色亮发的卖牛奶的女子后,他希望能整天跟随着她,好让她一直留在自己的视线中。

与此同时,他也热切盼望着自己能够进入她的视线,"感觉到她对我的注意,让我在她的心里占个位子"。这就是为什么"惊慌"的俄底修斯要沐浴,抹掉身上、头上的"盐水头皮屑",再涂上油,让雅典娜的手搓拭他的全身,仿佛炼金师在薄银上冲洗金子般。雅典娜对他的擦洗令他的形象变得高大,"从他眉下,她拨动着他卷曲的头发,像浓密的一串风信子,满满绽放"。最终,俄底修斯准备好重新进入娜乌茜卡的视线:

他漫步到那片沙滩,

远远坐着,

身上的光闪耀着,令人屏住呼吸,是的,

公主正用奇异的眼光凝视着……

美丽的人与物刺激一个人的创造欲望,因为通过创造可以把回馈性的美放在一个共同关注的地方。风信子不能给相貌平平的苏格拉底带来费德罗的美,苏格拉底为费德罗构思的演说也有同样的结果。当但丁面对碧翠斯的美而写出诗句时,就好像他也沐浴在费亚克斯沙滩。

不过我们现在走在一条错误的轨道上,因为这里谈的只是一对恋人。我们思考的重点是美起了作用,它不仅让人尊敬自己喜欢的人,对于行走在公众区域里的很多美丽之人也是如此。我们将会看到,当我们注视美丽的人与东西时,我们并不会希望自己是美的。这点正是哲学家西蒙娜·薇依及艾丽丝·默多克所认为的,能够促使我们准备为公正效力的一个关键途径。比较有用的是简单地询问这个追求美的人与被追求的人之间的自然关系。不过,这个问题牵涉到的不只是人,还有其他许多美丽的东西,我们在此先延缓一下。

在转移针对人这个话题之前,我们应当记得我们在此只讨论注视者关注被注视者会给他们带来危害的抱怨。当然,还有人对此持反对意见。比如,美丽的人不值得我们去关注他们的美。有时,这个不值得关注的想法建立在他们的美是自然的概念上,也就说,美人的美不费吹嘘之力,与生俱来。(这个论调并不十分令人信服,因为我们公开赞美许多天生的才能,譬如,数学能力、音乐作曲天才、舞蹈家的柔软度,或是运动员的速度,

美与公正

On Beauty and Being Just

都属于天生的能力。）另外一个论点则是美人之美是不自然的人工匠作，也就是说，那些在海滩上奔跑数小时的人，把头发编成辫子的人，喜欢用珠子、手环、精油及色彩来装饰自己的人，他们的美是造作的。（但这个论点也不具有说服力，因为一般说来我们肯定人为的努力，比如好政府的组建、经营良好的报纸、十二年自学的勤奋。）

这两种抱怨的论点彼此互相矛盾，前者提出只有人工的而非自然的美才需要表扬，后者却以为只有自然的而非人工的美才值得我们尊崇。更重要的是，这种说法与我们正在考量的抱怨意见都冲突。当我们正思考着那些说（为了美丽的人的安全）美丽的人不应该被注视的看法时，他们又说美丽的人不值得被注视。我们发现当我们离开现有问题的这条又直又窄的路径时，一条同样不合逻辑的路出现在眼前。

眼前可以帮我们找回方位的这条直路有两个部分。其一，我们看到认为注视美会带来危害的论点顶多可以用在人的地方，而没有办法概括到神、花园与诗的范畴。其二，这个观点应用在人的身上也是不成立的，因为注视者与被注视者同样脆弱，甚至更加脆弱。因此，这个观点在任何地方都不成立。

以下的两个发现将自动帮助我们从一些美的负面论点（不连贯地呈现政治性抱怨）转向正面论点（表现美丽的东西如何辅助我们改善社会的不公正情况）。我们看到，当我们认为某种东西是美的，就要去保护它，或者为它尽各种努力，这种行为看起来是与这物体的生动性联系在一起的。这个观察最先来自本身并无知觉的物体，譬如绘画，在我们认为它们很美的那个瞬间，它们就像获得了或模仿了真实生命般。尚未回答的是，这样的生动性如何应用到人、花和鸟身上？他们的美可以不一样，但他们的活力是相同的。

美带来分配的压力，这个压力在所谓的侧面忽视问题上显示。观察美随之而来的不可避免的忧虑是，"获得注意力的东西"似乎与其他"没有得到注意力的东西"有所关联。一个人的注意力偶然地朝向美丽的人或事，那么，这个高度的注意力品质便自动扩展到其他人或东西上，这就好像美丽的东西散放在整个世界的这里或那里，作为感知的小闹铃，就让丧失的警觉力回到它最敏感的层次上。通过它的美，世界继续让我们重新承诺感知的严格标准,那就是,如果我们不触及它,它就会来找我们。侧面忽视不是一个弱点的证明,而是一个优点。我们被第一个事件纳入的时刻,我们已经合法地执行、贯彻第二个事件。看起来我们之所以说美的持续源于这种分配的压力,是因为我们采用了关于"分配"的一个现代解释。然而,只有这个字是新的。柏拉图要求我们从"爱"(被一个人的美所吸引)移向"博爱"(把关心拓展到所有人)。与早先许多美学论述相同,波爱修斯[1]从哲学女神那里得到慰藉;维吉尔[2]安抚但丁,让他只聆听一首可从感官表面进入广阔境界的歌曲。这个面容或歌声背后的抽象层面,给人们注入道德责任,坚持把一个特定的物体分配化(或是当时用的,现在经常受到攻击的一个词——宇宙化)。这个用词方式与分配性指令有所不同,而不是道德倾向不同。

最后一件事可以使我们朝向讨论美的正面论点。我们看到

---

[1]. 波爱修斯(Boethius,480—542 或 525):6 世纪早期罗马哲学家。所著《哲学的慰藉》(*The Consolation of Philosophy*)将哲学以女神的形象出现,与之对话讲道,成为中世纪最有影响力的哲学著作。——译者注

[2]. 维吉尔(Virgil,全名 Publius Vergilius Maro,公元前 70—前 19):古罗马诗人。著名史诗《埃涅阿斯纪》(*The Aeneid*)取材于古罗马神话传说,被称为罗马的宝藏。——译者注

这两个政治抱怨彼此不协调；我们也看到，如果我们转向任何一个论点的内部和任何一面，比如关于人的方面，对这个更微小层次的反对同样极具矛盾。假如我们不从内在细节，而是从外在的中心架构，换句话说，是从外在的政治性争论点切入去思考它们和非政治性论点对美的攻击，我们还是会面对同样的矛盾。

举例而言，美的降级是因为它和崇高并列。这不是因为崇高不合逻辑，也不是因为崇高系统性地降低美的方式是不合逻辑的，真正不合逻辑的是这种降级的宣告和刚才提到的政治论点之间的关系。

过去二十年，崇高成为一个丰富的美学类型，有着错综复杂的论述。在此我只能为那些不熟悉何谓美学的人，大略勾勒其主张。18世纪末，康德、柏克[1]将原来统称为美的美学领域划分为崇高与美丽两部分。康德的早期作品《对美感与崇

---

1. 埃德蒙·柏克（Edmund Burke, 1729—1797）：爱尔兰政治家、作家、政治评论家、哲学家，反对英王乔治三世和英国政府，支持美国殖民地及后来的美国革命，也出版过与美学有关的著作，讨论的崇高与美的观念引起康德的注意。——译者注

感的观察》(*Observations on the Feeling of the Beautiful and Sublime*)不具备后期作品在此主题上的复杂深度,也不如他后续作品来得重要。尽管如此,它提供一个如速记般的、直接而简化的单子。在他新划分的美学领域中,崇高是男性,美丽是女性。英国、西班牙、德国是崇高的,法国与意大利则是美丽的。崇高存在于群山间、密尔顿的地狱里和神圣树林中高大的橡树,美丽则存在于花朵和幸福的草地上。崇高是夜晚,美丽是白日。"崇高感动人"(使人变得"真诚……坚硬……震惊"),"美丽吸引人"。崇高是黄昏薄暮,"倨傲于世界……永恒",美丽则是喜庆、快乐。崇高是伟大的,美丽"可能是细微的"。崇高是简单的,美丽是多样的。崇高是有原则的、高贵的、正义的,美丽是怜悯与仁慈。[6]

为什么这个分歧给予美如此重大的打击呢?(这个打击既不是来自原论述作者,也不是后来的作家在崇高观点上的初衷。)崇高引起美的降级,因为它确定了草地、野花不再是静穆古林的延续(在过去,当崇高和美放在一起且涵盖整个美的领域时,它们二者是一样的)[7],而现在草地、野花被看成是崇高古林的对立面。原本可以产生吸引力的，或惊骇的美如今是无法令人感到惊奇的，因为它不是男性，不巨大，不坚硬，不黑暗。美的每一个特征或描述变成对立组合的二者之一，由于它几乎总是其中细小的那个成员，因此，变成可以不予理会的一方。

除此之外，通向草地、野花和参天大树更远的道路，就是说，那个超脱具象表面的东西（我们可以像康德那样称之为永恒，或者把它描述为一种精神领域。在那里，正义与仁慈的原则当道，无论是否有无神的帮助），突然不再是一条自由坦途，沿途充满障碍。

先前，参天大树与草地、野花之间的关系是大树辅助或至少不阻碍草地、野花成为正义原则的领域；如今，大树宛如巨石，深锁的大门、边境警卫嫉妒地将草地、野花阻挡在外，原是共有的地方，大树竟认为是它的独享之地。渺小、细微和星罗棋布本来容易相互转换，现在却被崇高禁止或至少阻断了。

我们可以看到既奇怪却又奏效的现象，崇高对美的降级和政治性降级一起发生作用，尽管二者极度地相互矛盾。崇高（一个美的权力）拒绝美丽，是因为它微小，可以被忽略，不够强大。

而政治上拒绝美,是因为它太强大,其威力给观看的对象带来伤害,它也会让我们对它过于注意,导致我们的眼睛不会从它的身上转移至不公平的事物上。强调美的力量的同时也就表示美缺乏力量。

这些对美的攻击还通过第二条途径取得效果。崇高(在这里指的是把从前的整体范畴分成崇高与美丽后的结果)把美排除形而上学的范畴,只允许美在现实的基础上存在。然后,政治性争议伴随着相关的道德批判与现实主义评论,自告奋勇地声称,美(永远以它的理想化概念扰乱道德、伦理)在现实中没有地位。无论是在理想境界或是现实领域,美都无法被允许存在。它不能成为我们的向往或同伴。美来到我们这儿像逃窜流亡的鸟儿,既无法飞行,也无法降落。

美协助我们关注正义

如果我们自问注视者与被注视物体之间是什么关系,我们就会看到为美辩护的理由已经逐渐明朗,而且会更加清晰。提出这个问题最好的方式是,暂时想象一下,我们说的不是那偶然产生美的人，也不是那被警告要反对美、拒绝美、最终屈服的人，而是一个主动追寻美的人。

这样的一个人要追求的东西是什么呢？当一个人追求美，或是主动追求美时，他想要的结果是什么？同样的问题放在其他向往的永久物体上：女神、真理、正义，答案似乎是直截了当的。如果一个人追求的是女神，他会希望这个结果使自己仁慈；倘若追求的是正义，他必定期望自己是公正的；如果追求的是真理，他会希望自己博学多识。换句话说，被追求的东西和追求者自我的特色之间有连续性。虽然在每个案例中，自我会有所增长，但人们的付出与追求向往的结果都具有深层的非自我利益感，因为在每个例子中，对他人有益展现在行善、具备知识、行事公正的天性中。从这个意义上说，如果把这个问题说成是一个人对自己的期望，就可能是误导。比较正确的说法是，自己不与正义同行，是无法推动公正的目标的。这个说法和先前说法的共同点，也是重要的一点，是外在的物体和这个为它奉献之人的连续性。

但这个连续性在美的例子上并不成立。这并不是说，追求美的人自己就会变美。更确切地说，大多数追求美的人并没有自己也变美的欲望。但是追求其他向往的人就很难有同样的描述，譬如说，追求真理的人会不想变得更有知识吗？这看起来是很难的。怎样才能做到呢？一个人有可能在追求美德时，不把自己变得善良吗？看起来似乎没有办法。若我们试图设想一种能够促进正义的同时又将自己置身于外的方式，我们则会遇到同样的困扰。

美和观者之间的连续性至少有三种存在方式。第一种方式是观者在欣赏到美之后经常希望把新的美带到世界，而且这样的努力也许能够成功。但是那些为善，为真，或为正义奉献的人也想推动这些理念，他们改善了世界的同时也改变了自己（这两件事是平行的）。第二种方式是人们审视美，自己内在的生活也会变美，也就是说，假设我们的意识里充满了鸟鸣声、舞者姿势、钢琴和笛子演奏的爵士乐曲、令人销魂的笑容、朋友们的隽言柔语，那么我们就会变得非常美。这个解释并不完全令人满意，因为美的物体也许就像观美者一样有着内在的美，也有着外部的特征。这个外部的特征长期以来被认为是美的关键,也是使我们转向正义的关键。不过,还有第三种方式似乎更加令人信服。

早些时候我们看到美和观看美的人互相增强对方的活力,这就是美和审美者之间连续性的一个重要来源。在本书开头,我们看到美对审美者起了拯救生命或恢复生命的作用。德洛斯沙地上的棕榈树、奥古斯丁紧抓的木板、诺亚看见的天上飞过的树枝,这些都是视觉中的一个元素。当我们从第一部分移到第二部分时,这项应允生命的行为很清楚地有一个互惠的对方。美丽的事物,这个受观赏的一方被观者允诺一个生命的时段,就算它是没有生气的东西,也被赋予了平时只保留给有生命物体的一种脆弱性,以及作为此结果随之而来的保护。如果是静止的东西,譬如说一句诗,它在被人记忆或大声向他人朗诵时,都因此借取到那个人自我意识的活力。反过来说,被观看的是一个人的话,也许会真正促成新生儿的诞生,结果此人就被另一个生命陪伴。这种现象更普遍的表象,呈现在一个人的日常生活中,并不会注意到其他人的活力,但是,碰到漂亮的人时就会在意。这就提醒我们,所有人都有活力,值得关注。 在见到美丽的鸟儿、哺乳动物、鱼和植物时,也是同样的情况。这里被提高的不是活力的水平,因为那已经是绝对的,而是自己对那个已存在的活力的认知和意识。我们每天给予他人的活力程度与他人实际的活力程度即使没有完全吻合,也更加接近。因此,美似乎要求我们去注意世界的活力或(在物体的案例上)近似的活力,然后去保护世界。

美是一个合同,或是介于美的事物(一个人或一件东西)与观者间的一份约定。当美将生命的礼物授予感知者时,观者给予美传播同样的东西,他们彼此欢迎对方。"欢迎"最初的意义就是一方"随着对方的意愿而来"。[8] 我们将结合美的第二个正面特质和分配的压力来看为何这样的互惠合约会帮助我们回到公正的问题上。分配的压力来自两方面:一方面,就像是我们在讨论侧面忽视问题的时候,我们看到非凡的东西会对我们不自觉地产生吸引力;另一方面,这个非凡的东西也会主动地往外扩张。这个分配性的特色和转向公正的兼容性并不难以发现,因为"分配"的语言(并不像"生命性"的语言)是我们每天思考和谈论有关公正的一种永久性方式。

合约的概念再度显见。美（fairness），意指容貌可爱，以及"保持公正"（being fair），"执行公正"（playing fair）和"公平分配"（fair distribution）的意思。我们以为"公平性"是一种道德原则，它与细致的美相关，可它是从每年一度的农产会展"买家与卖家定期会晤"一词演变而来的。正如研究语源学的学者所示，不管是欧洲语言（古英语、古北欧语、古哥特语）还是东欧语和梵语，"公平"一词都有"美"的用法，它表示"漂亮"（beautiful）或"合适"（fit）。这里的"合适"同时指赏心悦目，仿佛东西的形状、大小和比例合宜，各得其所。"公平"与荷兰语的动词"vegen"和德语动词"fegen"相关，意指"欣赏"（to adorn）、"装饰"（to decorate），以及"清扫"（to sweep）。（托尔斯泰在他最为投入社会公义的年代里，每天早上一起来就清扫他的房间。在日本，花园里的扫帚是神圣的，只留给僧侣使用。）德语"fegen"则与动词"fay"相关，这既是一个及物动词，又是一个不及物动词，意思是"加入""合适""联合起来"和"合约"。[9]合约指制造一个盟约或协议，它与"和平"（peace）同词根——"pax，pacis"。

虽然这两个美的特征可以各自分开描述，但是，它们共同建构了一个两部分的认知事件，这个事件确认了生命的平等，开始于观者与被观者在有限的空间里对各自存在的继续性互相致敬。由于针对侧面忽视问题的压力，双方相互致意变得更加广阔，所以形成一种包容的肯定，它所肯定的有两个方面的东西：存在的持续性以及各自对继续存在性应付的责任。我们作为权力拥有者的地位和我们生命的平等，并不依赖美丽的草地或天空，或一个人，或诗文，使其发生。当法律和权力一旦存在后，我们的地位也不需要美丽的草地和天空去维持。但是，如同以下将要展示的，有些事物在一个范围内维持清晰有困难时，可以得到它们在另一个范围的配对物的帮助。

倘若按照约翰·罗尔斯[1]的那广为大家所接受的公平的定义——"每个人相互之间的一种平衡关系"——我们先看美作

---

1. 约翰·罗尔斯（John Rawls, 1921—2002），普林斯顿大学哲学博士，美国著名政治哲学家、伦理学家，曾在哈佛大学担任哲学教授。著有《正义论》（*A Theory of Justice*, 1971），强调公平概念；《政治自由主义》（*Political Liberalism*, 1993），重新定义秩序良好的社会，认为社会本身自有相异不容的宗教和道德观点，统一于其政治上的正义概念有助于社会稳定。——译者注

为"公平"和公平作为"美"之间的关联,就可以清楚地了解这是如何发生的。这个讨论将会转向"活力"的概念,"活力"这个词虽然比起"美"和"平等"两个词较少公开,也较难进入我们对公正的探讨,但它才是这两个范畴里最核心的因素,也同时为这两个范畴所服侍。

公平作为"每个人与他人关系的平衡"

有一天我遇见一个朋友,他问我正在做什么。我说,正试着解释美如何引导我们走向公正(这个朋友恰巧是哲学家和经济学家,研究饥饿与公义形成过程的关系,例如,新闻自由。他调查亚洲地区与北非人口分布,发现这些地区失踪女性上亿,说明历来忽视女性健康医护的事实)。他立刻回答,自己童年时在印度看过亚里士多德曾说,"公正是一个完美的方块"。[10]当时他完全为这句话所困惑,不过他知道公正从每一个角度来说都是与平等相关的。

又有一次,与我走在一起的朋友问我正在做什么事时,我告诉他自己正在分析美如何帮助我们获取正义。这个题目似乎和清晨海边的愉悦无关,所以我又加了一句:"但你肯定不会相信。"(他是政治哲学家,研究审议过程的性质并且建立了一套伦理的另类模式。他在"二战"期间参与英国情报工作,战后马歇尔计划期间在外交部任职。)"我确实不信。"他仍然在笑。那时我们蹚过高涨的浪潮,正走在陡峭的沙丘上,他愉快地引用有关美不可避免地会沦为奔放不羁的宣言。"不过,当然啦。"他伸出两只大手,瞬间严肃地说,"二者有共通之处,美需要平衡,公正需要权衡正反两方面。"阿马蒂亚·森[1]与斯图尔特·汉普希尔[2]及时作出的反应,指出我们在此讨论的一个明确论点性质,那便是美的事物引发分配的观念、救生般的互助,也引发美不只有可爱方面的意义,还有"每一个人与他人的关系都是可调和的"的意义。

当我们谈起美,有时注意力是在美丽的物体上,有时注意

---

[1]. 阿马蒂亚·森(Amartya Sen,1933—):当代经济学家,对福利经济学贡献卓越,1998年获诺贝尔奖。——译者注

[2]. 斯图尔特·汉普希尔(Stuart Hampshire,1914—2004):英国牛津大学哲学家、文艺批评学者、反理性主义者。著作《思想与行动》(*Thought and Action*,1959)讨论各国现代化的结果是各自资本本土化的结果。——译者注

力是在观察者对美丽物质的感知行为之上,还有的时候我们关注的是因为周围存在美的东西而导致的创造行为。

对道德性公平的邀请在这三方面都可以找到,下面将依序讨论:第一个,古典学者柏拉图与奥古斯丁的论述;第二个,20世纪中期的哲学家西蒙娜·薇依和艾丽丝·默多克的观察;第三个,千禧年哲学家安德烈亚斯·艾希特[1]所提出的主张。他为埃塞俄比亚国家设立宪法权力,并且书写有关博爱理论的研究。他认为,革命三元素是自由、平等与博爱,但我们经常不提博爱。其实博爱保障了自由与平等,因此,也是博爱保障了公正理论。正如这份名单所示,我在此部分把阐述的主题放在这些无论是在工作上还是在作品中,或两者兼具,皆为从事公正问题相关的人上,而非那些首要将自己奉献给美的人。读者或许会觉得如果一个人早晨说好要为美辩护,那么到了晚上天黑时就会找到美有助于公正的例子。然而,政治哲学家通常不会把公正放在美的手中,除非他们认为这样做是保险的。

---

1. 安德烈亚斯·艾希特(Andreas Eshete):曾在美国耶鲁大学学习哲学,是埃塞俄比亚爱迪斯爱巴巴大学(Addis Ababa University)人权、和平、民主讲席教授,担任埃塞俄比亚总理的顾问。——译者注

美与公正

On Beauty and Being Just

当我们开始讨论这三方面时,美丽物体长久以来经常被提到的特质就是"平衡"。有些年代(比如20世纪90年代)[11]把平衡以外的特质都排除,而其他年代则认为音乐、人的容貌、庭园景观之所以美,不单单只是平衡,有的也要伴随些许不对称(比如18世纪新古典主义原则在19世纪被浪漫地修改)。历年来,平衡这个特质在比重上有所变化,但从来没有消逝,即便在一些年代中被迫背离,仍然是长久以来最为人认可的特质。美学的范畴如此,那么公正的范畴呢?在这里,平衡仍是关键所在,特别是基于将分配公正及公平作为"每个人与他人关系的平衡"的观念。美与公正拥有这样相同的特质,这也是使阿马蒂亚·森推崇从不同方向看来都一样对称的方块,以及斯图尔特·汉普希尔对两端平衡的天平进行赞赏的缘故。

然而,我们为何不接受汉普希尔的说法,承认这只是个"类比"(analogy)——一个它们共有的特性,而不是更强的程式就算了呢?!也就是认可这美当中的平衡指引我们,让我们发现并达到公正范畴中的平衡!一种答案是,在一段人类社群过于年轻,没有时间创造公平,以及公平被剥夺的时期里,美丽的东西（不依赖我们去创造它们，它们自己到来，而且在人类社群中从未缺乏过），其均等与平衡的品质一直很明显。

早期诸多作家如巴门尼德[1]、柏拉图、波爱修斯等，认为最完美的形状是从各方面看来大小均等的样式。举个例子，奥古斯丁在《音乐论》（*De Musica*）的第六书中谈到音乐的节奏。他没有提出一个分配性公正的属性特色，也不建议中古时期的阶级制度应该被摧毁，并以民主政治来替代。然而，就像很多中古时期书写关于立方体、球体的作者一样，在他脑中有这样的信念——平等是美丽的核心，平等带来愉快。在我们追求从美到公正的转变之中，最重要的一点就是，平等是道德上最高的，也是最好的特质。换句话说，平等是所有东西里最令人向往的。

高级的事物内含平等性，它具有最高地位，不可动摇，不可更改，永恒长久。

---

[1] 巴门尼德（Parmenides of Elea，前515年—前5世纪中期）：古希腊哲学家，爱利亚学派创始人，是色诺芬的学生，为理性主义者。受毕达哥拉斯派影响，其主要作品《论自然》认为真实是不变的，人不能以感官幻想来认识真实。——译者注

韵律(如算术的原理一样,连没有学过的人也能推导)是不能改变的、永恒的,没有存在不平等的可能性。因此,它一定来自上帝。

美丽的东西有比例、圆周率……我们能从声音和肢体运转中感受到平衡。不仅如此,比起听觉,美与平衡迄今更容易在一些显著的视觉形式上被辨识出来。

人们容易喜欢上色彩、音乐、声音、蛋糕、玫瑰,以及光滑、柔软的肌肤表面。在这些东西中,灵魂所要追求的是平等,以及类似这样的东西。

水是一个联合体,因为它有一个较大的、属于它的组成部分……保护它的顺序安全,让它更美,更透明。比起水来,空气有着更大的联合体以及内在的规律性。最后,是天空……它有着最优质的健康性。[12]

以上只列出其中几个精致的小篇幅。我们，或奥古斯丁，或任何一个读者，能否因为这里的只言片语而加深对平等的渴望以及对平等的投入？这里的内容没有关于年月日、世纪、千禧年等时间长度的诉求，也许稳固社会关系同样需要平等。它表达出这些对政治、社会、经济平等的向往早已存在于古典与基督教时期爱美的论述中，这些论述已经准备就绪，只等平等到来时人们认可它是美的。

回到平衡在美里以及它在正义中是否可类比，或者是关于前者指引后者的问题。这个答案已经在奥古斯丁的用语里重复与延展。试想一个有着蔚蓝的天空、音乐、糕点、玫瑰、平滑身体的世界，然后再假设这世界有一套公正的社会次序和法律（如同奥古斯丁的水一样），因为本身是一致性的，所以，它可以保护自己。充满曲调的天光中的平等和法律次序上的平等是类似的，尤其是当法律同样适用于所有人的情况下，本身就是美丽的。但是要记得，这个世界在立法前就已经存在了，如果法律系统直到将来都不出问题，这个世界是非常幸运的。因此，我们可以意识到那些让我们向往的东西继续积极地工作，

美与公正

On Beauty and Being Just

比如夜晚的天空、黄昏的鸟鸣、清晨的鸽子,甚至利用监狱外墙往上攀爬的野玫瑰与甜豆。在对方缺席的时候,一个类比的甲方主动地需要那个不在场的乙方,这样就迫使我们扮演一个朝向公正的杠杆,将它的对手呈现出来。一个比喻的双方都必须存在于这世界上,否则就静止、休眠。当一方缺席,另一方便主动合谋,使这个流亡的另一半回归。

但还有第二种情况,在一个同时拥有明亮的天空与良好的法律系统的社会里,天空仍有助益,因为当公正的社会次序缺少对称、平等、自我一致性时,天空的对称、平等与自我一致性也会呈现。在发展未成熟的和走向衰落的界域里,无法实现公正的原因很简单,那就是这个界域里没有正义。可是,当公正来到世界时,它不容易被察觉,甚至当它具体化时,它也很少能被人感受到,因为它整个被分散到大范畴上(一个城镇或整个国家),而且它包含了很多行为,所有这些行为又几乎同时发生。如果我走到大门口外,我可以看见每一朵花的四个花瓣,它们像小小的信号旗,有两片朝上、两片朝下的,有三片朝上、一片朝下的,有全部朝上或全部朝下的。我却无法看见交通规则在街角是否被人遵守，也无法看到同样的交通规则是否在城镇的另一边起到作用。这不是因为遵守交通规则属于非物质性，而是因为交通法规的公正性并不出现在单一的位置上，它一致性地存在于所有地区，所以才保证没有交通事故的发生。这是无法借助于视觉感受到的。遵守交通规则的组成分子（每一部车、每一个驾驶、每一条表面有着白线作分界的道路、每一个闪亮的灯）是物质性的，就像花的叶片，确实有其脆弱性。正是这物质性的危急状况和对事故的敏感性，交通出行才需要公正的规范。但是，公正本身却是在我们感官指南针之外的。

当一条法律或宪法原则被建构为保护社会状况时，就会通过视觉或听觉被人们感受到，这就是把信条加在分散原则上所带来的效果。[13]"第一修正案""第四修正案"这两个词，尽管是物质性，介于感官之外，但它们把本身词语定义之外的意思凝聚一起。有时候一个正义的原则的表达方式幸好带有感官特征，加强了人们对这个原则的感受。"我们相信这是'不证自明'的真理——人人生来平等……"句子读起来很通顺，它带着韵律,一开始的单音节词突转至多音节词"不证自明",快速有力,充满能量,自我主张(听起来像自我验证),似乎场地已被肃清,等待揭晓原则。下半句从单音节词过渡到快节奏的多音节词"生来平等"这个不证自明的真理。重复的韵律使得上下句赋予彼此权威性。谁有权宣称一个特定句子为真理,且不证自明呢?这个"我们"代表的是一群互相自视"对等"的人。我们常说法律漂亮而不说社会状况漂亮,那是因为即使法律仅为只言片语,但它也具有浓缩的感官力量,这是那些分散的社会状况所不具备的。这样有效的感知度,其实也是美的主要特质之一。

但是,有时候公正的政治安排形式本身(不是指制定这个安排或保护它的法律)会被压缩成一个时间与空间,使感官体验到,然后,它的美就像奥古斯丁的水、天空、蛋糕和玫瑰一样,是可以看得见的。同样,当代表们齐聚在议会大厅讨论政事时,人们可以观看这情景,感受到公正的美,如同我们先前引用的奥古斯丁的例子,韵律式的平等原则也发生在古希腊的社会安排形式中,并且把社会安排形式压缩成一个小到足以让感知体验到的物体空间（这个步骤至关紧要）。

例如，古希腊罗马的三层桨座战船。它备有一百七十只桨和一百七十名划桨者，可以像立法议会一样，在一个小规模的视觉空间里被人们看见。在这座战船上，在有限的听觉感知范围里，人们可以看见划桨人随着演奏者的笛声有节奏地击水。但是，我们尚未作出断言，在战船的场面之外，雅典的民主诞生了。

拥有一个庞大的海军是建立和巩固民主的重要因素，而这个海军由相较贫穷却自由的公民组成。他们接受国家俸禄，执行船上任务。伯里克利的雅典民主改革……将国内政治与军事的势力平衡转向穷人与海军……在民主政府的最高层，是战船上的公民。至少有二百艘战船，每一艘船上有一百七十名划桨者，以及不少于三万人的民主支持者，他们大部分来自社会底层。[14]

根据雅典宪法内容（其中指定战船划桨者为"赋予城市权

力之人"),参考修昔底德[1]、色诺芬[2]和欧里庇得斯[3]的作品,还有,基于具有民主制度的希腊城邦以及拥有海军的希腊城邦间几乎完全对应的事实,古代历史学家与民主理论家都肯定了民主与海军之间的关联。[15] 这里,美指面容的可爱(loveliness of countenance),也有分配聚集(distribution converge)的意思。词根"fegen"有"扫"(sweep)和"打"(strike, beat)的意思,这与划船动作之"划"(sweep)或"击"(strike)相关。

欧里庇得斯对划船者在银色大海上的划行有着鲜明的形容:海豚随着吹笛手的乐音,仿佛敬礼般,跳跃至水花浪尖,然后钻进海里。欧里庇得斯将这个吹笛手命名为奥菲斯

---

1. 修昔底德(Thucydides,前455—约前400):古希腊历史学家、政治思想家。其主要作品《伯罗奔尼撒战争史》(*History of the Peloponnesian War*)记载了公元前5世纪斯巴达和雅典之间的战争,其《米洛斯对话》(*The Melian Diaolgue*)仍是当今国际关系领域中重要的理论著作之一。——译者注

2. 色诺芬(Xenophon,前427—前355):雅典人、军事家、文史学家,以记录希腊历史、苏格拉底语录而著称,是苏格拉底比较出色的学生之一。作品《长征记》记录了他在波斯征战的传奇史,被亚历山大大帝视为向波斯进军的战地手册。——译者注

3. 欧里庇得斯(Euripides,前480—前406):与埃斯库罗斯和索福克勒斯并称为古希腊三大悲剧剧作家。其作品不局限于传统的英雄主题,取材于日常生活,剧中人物有了平民、奴隶、农民,对女性心理的刻画尤为深入,如《美狄亚》(*Medea*)、《特洛伊妇女》(*The Trojan Women*)。——译者注

（Orpheus），作为所有音乐家的音乐家。诗歌的韵律与划船的联盟延续了好几个世纪。里尔克认为，只有当他在海上航行，听着划桨者大声报数，歌手"歌声飞扬时"，他才了解"诗人的位置，以及他在时间内的作用与效果"。[16]谢默斯·希尼朗诵他的新译作《贝奥武夫》时，当念到船进入水中，他以停顿来表明，诗在此处变得最美、最生动。根据罗伯特·格雷夫斯[1]的观察，这是因为诗歌的韵律与划船的节奏——桨"戳刺和拖拉"动作之间——有着深刻的关联。

在讨论美时，我们有了不提战船的借口，不管是希腊战船，还是丹麦人及耶阿特人的炮弹。但由于我们的主题是有关公正的，武力问题不可避免地会出现。美，最终也需要涉及这个问题。目前考虑的主题是，社会关系的平衡通常是隐性式分散一大片，但在很少又很例外的时刻里，压缩成一个足够小的空间，让我

---

1. 罗伯特·格雷夫斯（Robert Graves, 1895—1985）：英国诗人、学者、小说家，一生创作140余部作品。《向一切告别》（1929）描述第一次世界大战的经历，之后以刻画古罗马皇帝的故事《我，克劳迪亚斯》（*I, Claudius*）以及《被神化的克劳迪亚斯和他的妻子梅萨利纳》（*Claudius the God and His Wife Messalina*）最为著名。另外，以拜占庭帝国伯爵的生平故事为主线的历史小说《贝利萨里乌斯伯爵》（*Count Belisarius*）也深受读者欢迎。——译者注

们的感官接收到。我们可以看到和平的例子。19世纪的美国历史学家表示，游行是美国特有的一项创新，多数公民在城市街道简约化的空间里，以同样的脚步群聚。[17]在水平水域上举行的划船比赛也是如此，它们被称为"理想的平等主义"或是民主的运动，其原因并不只是那聚集在河堤边的多数群众，而是因为划桨手有着不同的阶级与性别。船赛获胜者包括海关人员和像毕格林兄弟（Biglin brothers）一样的机械工人，他们著名的面容出现在托马斯·艾金森[1]的绘画里。当毕格林兄弟公开挑战原本"只限于绅士"的英国划船俱乐部后，他们的比赛首次吸引了广大群众。[18]诗人在划桨者的心跳与手臂提拉间感受到诗韵，艾金森也在他的画布中穿越世界，就像划桨者用轻巧的短桨滑过水一般。[19]

促使街头游行、赛船，以及运动场比赛竞争公正，是来自对"悦目武力方式"平等分配的追求。美是和平的，二者相互致意，

---

1. 托马斯·艾金森（Thomas Eakins，1844—1916）：美国艺术史上的重要画家，现实主义风格，主要描绘19世纪到20世纪初自己家乡美国东部费城各领域的杰出人物，画作令人感受到人物知性的一面。——译者注

持续存在。美的协定与和平的感受无法区别。公正的反面是伤害，"不公正"等同于"伤害"。和平最大的保证就是让这个世界没有伤害（包括不让体形不同的人以体力压倒另一个人），其次为（对我们有用的首要形式）不管存在什么武力，都能够平等、均分。一个分配性的武力经常被称为"国民权力的守护神"，因为它可以让每个个体去保卫整体的平安。在美国头两个世纪，将国家与暴君执行的"军事武力"区分开来，成为分配式的民主军备，不同之处正是这个就伦理与审美概念而言的"公平"。如此，"美好、平实、平等的国家，观者愉悦地经过"，整个国家飘扬着彩带，有屋顶遮盖的避难所和彼此共同分享的善意问候。[20]

我们已经说明了有关美丽物体的特质（平衡、平等，以及施加对侧面忽视问题的压力）有助于我们获得公正。美与公正之间的复杂性还反映在其他两个方面，那就是感知的精神作用及创造的行为。

但是，目前说过的这点也许更有帮助。美所含有的平等其实早在公正之前就进入世界，并且存在很久，因为它无须依赖人类把它表现出来：虽然人们创造了许多美的东西，但也只是这个大创作中的合伙人。世界接受我们的贡献，但在任何一方面都不依赖我们。当美与公正同在这世界上时，美还完成了一项特殊的贡献——让我们能感知到美。然而，在正常情况下，尽管公正同样也是物质性的，也是基于物质世界的脆弱性而诞生的，但它无法像美这样被感受到（除非像集会这样少数的情况）。

现在我们可以开始去看美的公平性了。其分配压力不只是在于它平衡的内在特色，更是在于它广泛地存在于所有人，以及几乎所有的时间中，例如，我们的爱侣、孩子，飞过花园的鸟儿，我们所唱的歌；这里可分配性来自美的外在特质，能够呈现在感官面前。

当审美和伦理性的公平同时被我们感知时，它们共同致力于平等的意愿可以被看成一个类比。当类比的两个词都出现时，这个比喻是无效的。我们平时不会特别注意到它，可是当一个词不可见时（不管是它不出现，还是它出现但不在我们的感知范畴里），这个比喻就生效了。这个出现的词变得紧迫、主动、醒目，吸引我们把注意力放到缺席的东西上。我描述这点时着重在触觉，好似一个重量或杠杆，但古代中世纪的哲学家总是把它和听觉联系在一起，认为美是一种召唤。

激进地放弃以自我为中心

我们已经看到，美的物体通过对称和我们能感知到的特质帮助我们关注公正。另外两个方面是观者和创作的行为，同样也展示了美丽对道德平等的影响。当我们朝向这两方面移动时，我们就会进入生活的感知和创造行为，之后就会被带到我们最终的目标——活力的主题。

就审美角度而言，这个世界的表面是不平均的。你走在弯路上，前面忽而豁然开阔，你又走上另一条弯路，继续与友人交谈，直到被路旁一处郁郁葱葱的草地中断，类似这样的事发生在火车站，可能你正匆忙地穿越人群，或涌向挤满人潮的讲堂。又或者，你在家打扫花园，仔细查看砖头时，突然，一个紫、橘、蓝混合色的三角物体裹着银光从砖缝里飞了出来，本来它是隐藏在那里的，直到气流触动了它，它在气流里摇晃一会儿，又回到原位上，静默、止翼不动，就像这个图大小的三角形的样子：⧊。为什么这样一个飞舞的三色小东西会使你屏住呼吸呢？

在这个世界不平的美学表面之中，包含的是朝向社会平等的压力，它来自物体的对称，来自为了修正侧面忽视的压力，还来自它自己被关注的丰富机会。但是，阅读者可能提出异议，即使人在看见美丽物体时就会想到道德性的公平，这个概念仍然很抽象。其实，我们并不需要放弃给我们带来平衡的东西，西蒙娜·薇依的例子有助于我们的讨论。她的玄学作品和生活行为受到她致力于公平的影响。在西班牙内战期间，她与劳工们一起工作，得了肺结核病后还坚持原则，拒绝进食量多于她法国同胞在德国占领下所食用的份额，因此加重了病情。（我们曾经提到过，在这节里我们主要以维护公正为例，而非维护美，虽然这二者经常一致。）

当我们看到漂亮的东西时，我们会经历一个激进地放弃以自我为中心的过程。根据西蒙娜·薇依的说法，美"需要我们将作为中心的想象位置舍弃掉……一个变化就此产生在我们感知的根源上,在我们立即接受的印象以及心理感受上"。[21] 西蒙娜·薇依讨论事实时经常没有举例,暗示读者用自己的经验来检视她说的真理。她的说法总是关乎躯体的,会发生什么是指会发生在我们的躯体上。当我们举出美丽的事物时,比如,从砖缝中飞出小小的紫橘蓝蛾、奥古斯丁的糕点、汉普希尔的一个关于单纯的句子,它们像世界表层上的小泪珠,牵引我们到一个更广泛的空间,[22] 或者是它们组成了"探触世界之美的阶梯"[23],或者它们把我们抬高(宛如经由某人挥扫起的气流),让我们离开地面好几英寸。等我们重回地面后,就发现自己和世界的关系已经不同以往了。这并不是说我们从未站在世界中心就因此而放弃,而是说我们愿意让步给那个在我们眼前闪亮的东西,甚至要在自己世界的中心暂停。

1967年,艾丽丝·默多克在名为《善的主权高于其他概念》的演讲中,同样描述了我们面对美时所经历的彻底放弃中心位置的意识。正如这个演讲题目所示,它的主题是善,而非美。默多克写道:"道德伦理不应只是一个对日常平庸行为的分析,而应该是一个关于好行为,以及如何能达到此行为的假设。"[24]

我们作何抉择,如何行动,都与潜意识状态有着深切的关系。所有会左右潜意识,使其转到非自私性、客观性以及现实主义的东西,都与美德联结在一起。默多克特别指出,在我们所处的环境中,最好的,或最明显的是一个"不为自我"的场合,正是大家普遍称为美的东西。[25]

她描述自己突然望见一只红隼时所引发的"非自利"时刻,那些因为自尊受伤而带来的通常会令人自我膨胀的焦虑、后悔、沉思等一连串情绪,此刻消失无踪。这并不是说,她变得"自我遗忘",而是有了较开阔的思考行为,认识到原来所有致力于自我保护警戒或壮大自我("尊贵")的想法现在可以轻松地用于他途。这就仿佛一个人暂停在自己的故事中担任男、女主角,成为一个民间传说中所谓的"侧面人物"或"志愿者",也许这听起来不像是处于平等状态下的参与,而像是刚被降级的遭遇。然而,当我们相信我们是在行使平等的那一刻,我们不像是自己私有故事中的主要中心人物,反而是当我们觉得自己只是接近中心角色或侧面(甚至是附属的)角色时,我们也许比较接近平等的状态。无论如何,美的道德炼金术在另一个情境里，如降级般，就像一串消失的感觉，无法被看见。

　　激进地放弃以自我为中心的举动，也许可称为舒心毗邻，一个美丽的物体既不是这世上唯一可以使我们有联结之感的东西，也不是唯一可以带给我们快速愉悦状态的东西。但是，它表现了一个世上极少的现象，允许我们邻近美的同时享受极度的快乐，也因此创造了一种感受，那就是我们自身的邻近性就是快乐的轴承。这仿佛是一个礼物，可以作为享受与他人平等关系前奏或前提的礼物。很明显，需要"每个关系是对等的"道德性平等，极大程度上受助于创造所有参与者都满足于他们自己侧面性的一个美学式平等。

　　这个侧面的位置在美的第三个范畴继续着，它现在不是作为悬疑的观望状态，而是创造的活跃状态。这里的引导性是让我们去保护，或维持已经存于世界上的一小片美，或通过把它带到新的物体上而丰富它。（后一种行为比前者更经常被描述为创作的举动，但正如本书前言所提到的，它们都是出于同样的动机，所以，应该被放在同一标题下。）我们对"创造"所知甚少，或许很难发现美在第三个范畴上促使人们走向公正的方式。但这不难开始着手,因为公正本身依赖于人们去实现,它不可能在创造的艺术之外独立存在。美也许有自然的或人工化的,公正却总是人工化的,因此需要任何一个不间断的事件,能够不费力地影响我们创造的愿望。由于美一再与我们的创造力会见,我们知道去哪里,以及如何发挥那些能力。当一个不公正的状况呼唤我们去创造时,我们无须指导就会愉快而自然地到达目的地。创造美的两种特殊形式是使已经存在的美持续下去以及开创尚未存在的美。这在公正的领域内有着同等性。约翰·罗尔斯(John Rawls)阐述,自苏格拉底时代以来,关于个人"对公正有责任"的论点,我们有责任"去支持"已经存在的公正安排,并且把正义带到"尚未建立"的地方。

政治哲学家安德烈斯·艾希特曾经提出另一个特色,这个特色被为了美的创造和为了正义的创造共享。[26] 在这两个领域里,这个创造者对于所创造的物体也许完全了解,也许部分了解,也许完全不了解。艾希特归结出三种不同的公正形式:在"完美的公正"中,我们既知道我们想要的结果,也知道如何取得这个结果(我们的目的是平等地分享食物,那么就可以安排切蛋糕的人最后拿他的一份）；在"不完美的公正"中，我们知道想要的结果，也知道如何尽量去达到这个目标的办法（犯罪者应被判刑，无罪者应被释放，虽然我们无法完全确保这个结果，但有了陪审团的制度，我们有希望达到这个目标）；最后，在"纯粹程序上的公正"中，我们不知道最好的结果是什么，我们必须完全相信，通过公平的过程来保证所取得的结果也是公平的（这里说的机会均等是罗尔斯的例证）。[27]审美创造也有同样的变化：我们心中也许有个创造物体和以何方式将其完成的设想；或者，有个创造物体的设想和尽量能将其实现的技巧；或者，没有任何先前的概念，只是很简单地相信自己的创造行动，如理查德·沃尔海姆[1]所言，一个人只有在他停止素描时，才知道自己究竟画的是什么。[28]

回到邻近性的主题上，观者的非自利性可以从几方面见到：首先，观者与被观者之间连续性的缺席（因为不像真理的追求者那样会变得知识渊博，美的观者不会因为观看美而变得

---

1. *理查德·沃尔海姆*（Richard Wollheim, 1923—2003）：英国哲学家，致力于艺术与精神分析相互关系的研究。——译者注

漂亮）；第二，观者在美丽的东西或人物出现时，经历了一个彻底放弃以自我为中心的感受；第三，观者愿意为世界带来新的美而服务，创造一个与自我分开的美的位置。

我们可以假设，一个人可能会渴望在自己的生命中获得美，而比较不会期待美应在他人的生活里扮演的角色。但事实果真如此吗？正如本书开始时所注意到的，人们在过去几个世纪里不是很积极地宣扬美的禁忌，就是从他们的语气中消极地去除美，甚至在思考或书写美的物体，如绘画、诗歌时，亦是如此。但是，如果有人质问他们如下的问题："不要想着我们自己，而是考虑21世纪末存活的人们，你希望他们是美的爱好者吧？"这个答案似乎就是"对"，而这声"对"是义无反顾的。我自己的例子是非正式的且微小的，那么，一个较大的团体是否可能有类似的回答呢？如果他们的反应如此，那就意味着，发生在我们自己身上的任何苦难，我们并不希望将它强加于人。换句话说，不管我们有多不确定，在我们生活中，美的缺席是益或害，一旦我们带着距离来看此问题时，它瞬间变得清晰分明。美的缺席是一种复杂而深奥的剥夺形式。

如果我们问一个反对美的人，认真思考我们的整个时代，甚至整个世纪时，类似的结果也会产生：当人们在 21 世纪及 22 世纪谈起我们时（如同我们现在毫不费力地描述 19 世纪、18 世纪、17 世纪），你希望未来的人们如何描述我们？是美的追求者，或是维持美的中立者，还是美的反对者？我询问过的人都希望未来的人能够认为他们是爱美者。难道我们没有理由相信，许多人也会给出相同的答案？让我们作个假设，然后看看这个结果说明了什么：它奇怪地意味着，虽然美既是单一性，也有复杂性，我们可以由于它的消失而自己受难，甚至促使一个人日常活动的圈子受难，但谁都不愿意这样的损失波及他所存在的更大的世界，或是他所存在的时代。无论我们是从自己的世纪还是从任何未来的世纪想象美的消失，都是一种剥夺。

除了以上的例子，还有一个思想实验可以让我们更深刻地认识到，美是无自利的（虽然体验美是个人的私密经验及强烈的亲身感受）。让我们想象有一群人，要为存在于我们世界上美的形式作决定，在作这个决定时，他们没人知道彼此的任何特征,包括性别、地域、天才或能力(感官敏锐、组织能力、体力敏捷、智力)、财富的级别、亲密的关系或友谊。这个人群可能在"无知的面纱"后作判断,使得我们现在(接受约翰·罗尔斯的邀请)经常对社会和经济安排支持特别的决定,而那也会帮助我们阐明我们和这世界审美表面的关系。

假设这个人群被问及如下问题:未来人们可以安排天空会不会美丽,你会希望有美丽的天空吗?(摆在他们面前的不是支持生命、氧气供应充足与否的议题,由于科技进步,这些东西可以快速被制造。他们面对的是天空之美被视为支撑生命系统的一部分的问题。)由于天空在世界上是平均分配的——因为美的事件平均分配,所以,如果这个人群的多数,或全部,同意美丽的天空必须继续存在,这也不令人惊讶。天空的多样化,呈现在每一个角落,如黑蓝交替、月相、日出和日落。参与这项议题投票的人无须知道他们身处何地,是不是未来的受益者。

除了这个永续天空的事件外,也有其他非持续性的事件。在这些不同的事件上,美都是永恒的。我所在的这片天空正以我从未见过的景象移动着,一道气流直下,刷洗了人行道,以至于黑乌鸦和红尾鹰一整天都跌跌撞撞,在隐形的喷水池上被举高,突然间,它们又急速飞下,头尾旋转,直到气流缓慢,再度展翅飞翔。每一片天空仿佛都无法比较,每天它变换着五百种浅蓝、深蓝的明暗度。有时,湿热成薰衣草紫与银灰色,使天空下的绿草地因此而发亮,变成第二个天空。有时,在漫长的冬季夜晚,幽暗的天空夹着令人心跳的粉、绿、蓝光。我们这群人不必知道命运安排他们在哪里(安提瓜岛、爱尔兰、西伯利亚),就可以成为共享这美丽天空的受益者。因此,我们没有理由去认为,他们积极赞成的动机不是出于自我利益。

如果我们再问这个人群有关花开的决定,也会得到同样的结果。虽然花草并非如同天空是均等分配,有些纬度覆盖着长达六周的绿草地,而其他纬度又有着全年绿油油的小丘地。这些土地在地球上分散着,如果人们不知道它们的特色就赞成这些植物花朵继续存在,这样的情形并不奇怪。人们也许会说,不管他居住在哪个地区(他们只要从无知的面纱后站出来,以及掌握它们特色的知识),有花总比没花来得更好。在这里,我们没有理由去寻找一个不同于充满生气的自我利益与自我生存的类型,这些和经历美时引起的强烈的肉体享受与情感直抒是兼容的。

如果我们现在考虑把世界上平均分配的物体或事件变成特殊性的非分配化,那么,是否应该到处有这种漂亮的洞穴,里头的路有好几里长,挂着水晶柱体,还有大量像艺术品一样的矿岩,沉寂的墙上有着几千年前来过的人们留下的图画?那些我们要咨询的人不能假设说,他们自己就住在洞穴附近,因为让他们表达意见的这些洞穴只在世界上的两个地方存在。即使命运使他们在洞穴的附近居住,他们也不可以假设自己就能钻进洞穴的深处,因为爬下去需要超常的体力与信心。现在的问题是,难道我们没有充分的理由相信,这群人很可能在得知洞穴也许永远不开放的前提下,希望这个洞穴免于损坏,得以保存下来吗?这群人的态度对于那些分配性的物体,以及那些在地球表面上互享的东西(比如他们在思考的天空与花朵)是否可能是一样的,甚至是如出一辙的呢?他们难道不会肯定这个遥远的洞穴、秘传的乐曲(比石洞还难进入),还有那些几个世纪以来不为公众所见的、私人收藏的绘画艺术,有其存在价值吗?

人们似乎希望有美的存在,甚至当他们的自我利益与此无关时。更确切地说,远方的人是美的受益者会使人们感兴趣。虽然这像是一个思考实验,但没有怀疑性:赞成花开的已经有了(几个世纪以来,人们培育花,把花带到不同的地方,增添原有的品种);赞成美丽天空的也有了(近来的环境保护行动);赞成保护洞穴的投票也不计其数。否则,我们无法解释为什么当波士顿的加德纳博物馆(Gardner Museum)珍贵绘画失踪后,人们担心的是被窃的绘画是否会遭破坏。为什么人们听说一个从未听过的森林即将消失时,会感到伤心、难过呢?为什么博物馆、学校、大学要悉心照顾那些美丽的东西,让艺术得以安全地传承下去呢?我们无须猜测,证据全在这儿了。

原著作者注解说明

[1]的确,正当美因为阻碍社会公正而被大学禁止的时候,那些试图让社会正义问题视觉化的学者有时被指责为了让读者看到苦难而"重演"残酷情景。

[2] Ps. 90: 17页(英詹姆斯国王钦定版《圣经》)。

[3]这种禁止听起来很奇怪,好像是我专为此争议而发明的想法,然而,过去十五年里,对美禁止的结果下,众多学生,甚至是那些最聪明、善良的学生,都曾在他们的报告中写过关于诗人或小说家如何倾情关注花园、花,以及美丽的鸟,然后具象化这些观察。

[4]我不知道一个祈祷者是否可以在脑中有他们膜拜的神,如耶稣,或阿志米斯,或克利须那神,或菩萨,或萨拉斯瓦蒂的影像,同时能在他们的影像中把美去除。但是为了讨论正文里的上一句话,我假设这是可能的。

[5] 有人可能会反对，园丁为了美化花园，毁掉一盆植物，因此伤害了它的生命。这个园丁就好像是诗人济慈，带着"数不清的合成物和腐烂分解物"达到"细腻之美"（the snail-horn perception of beauty）。但是，这至多意味着园丁应该被禁止去破坏任何已经存在的植物，让它们留在原来生长的地方，或移植到一个安全的地方（这是有些园丁遵守的原则）。不过，如果这个园丁为了将花园整理得更美，粗暴地毁掉那盆植物呢？我们难道因此就下结论，认为美危及生命，而非强化生命合约（life contract）吗？回答此问题的方法是去质疑：在花园中人类给予植物的保护性是否高于或低于花园外的世界？当我们作了这样的比较，我们可以看见，即使园丁不完美地保护了植物，他也给了它们超出正常情况下诸多的保护。另一种回答的方式是去比较花园及菜园。前者种的植物是为了美，后者种的植物是为了食用。花园园丁为了花奉献苦役，菜园的园丁为了吃而使植物居次要地位。我并非在此反对人类对吃的需求，我只是简单地指出这个明显的观点：在一般情况下，"美"是与生命合成或与契约相连的，观者会避免伤害到任何东西，甚至积极地保

护这世界的一部分。

[6]伊曼努尔·康德（Immanuel Kant），《对美感与崇高感的观察》（*Observations on the Feeling of Beautiful and Sublime*），约翰·T. 高德卫特（John T. Goldthwait）译，伯克利及洛杉矶：加州大学出版社（Berkeley and Los Angeles: University of California Press，1960）。列在此处的名词广泛引自46—49，60，78，93，97页。

[7]崇高有时是因为客体的数量倍增而被视为美学。但是这两个类型的大多数客体先前就在美包含的所有规则下占有一席之地。柏拉图、阿奎那、但丁对美的概念不局限于"善良和愉快"。更重要的是，就像兰斯主教堂（Rheims Cathedral）建筑的嘲笑天使（laughing angel）所明示的，前面句子里带着嘲弄声的"善良和愉快"是当这些形容词被它们的美学手足伤害时才可能存在的。

[8] 恩斯特·克莱恩（Ernest Klein），《综合英语词源词典》（*A Comprehensive Etymological Dictionary of the English Language*），阿姆斯特丹：爱斯唯尔出版社（Amsterdam: Elsevier Publishing, 1971），s.v."欢迎"（welcome）。

[9] C. T. 奥尼恩斯（C. T. Onions），《牛津英语词源词典》（*Oxford Dictionary of English Etymology*），牛津：牛津克雷尔敦（Oxford: Oxford Clarendon, 1966），总结了美（fair）的根源。克莱恩（Klein），《综合英语词源词典》（*Comprehensive Etymological Dictionary*）；以及艾瑞克·帕特里奇（Eric Partridge），《起源：简明现代英语词源》（*Origins: A Short Etymological Dictionary of Modern English*），纽约：麦克米伦（New York: Macmillan, 1966）同样如此，只不过克莱恩着重动词"接合"（fay），将"公正"（fair）与"协定"（pact）的词义联系起来。

[10]因为这件事是在童年时发生的，阿马蒂亚·森（Amartya

Sen)不记得那本书名。亚里士多德派的哲学家艾伦·寇德(Alan Code)指出许多可能性,在《尼各马可伦理学》(*Nicomachean Ethics*)第5卷第3章中,亚里士多德写到,平等有两个条件,但公正有四个条件。为了翻译或评论这个段落,四方体的四面有可能被提出介绍,特别是亚里士多德曾观察到:"这样的比例按照数学家的几何比例所称。"H. 雷克汉姆(H. Rackham)译,罗伯(Loeb)版本,《亚里士多德》(*Aristotle*),第19册,坎布里奇:哈佛大学出版社(Cambridge: Harvard University Press, 1934)。本杰明·乔伊特(Benjamin Jowett)在柏拉图(Plato)《理想国》(*Republic*)第6卷和第9卷的简介中,提及当代观点认为公正是一个立方体。在546a—547a章节中有柏拉图自己对立方体、完美数字、神的起源、婚姻数量等方面的讨论和陈述,也许和此想法一致。

[11]20世纪90年代,主要的科学杂志如《自然》(*Nature*)所刊载的文章指出:(1)鸟、蝴蝶和其他生物择偶时采取"对称"这个特性,高过其他如尺寸、颜色等特性,也许这是因为"对称"

是整体遗传强健的外在表现；（2）不同文化中的婴儿注视那些十分对称的脸部较久，也特别喜欢那些乐章组织对称的古典音乐多过乐章随意录制的古典乐曲；（3）成人挑选面貌时注重对称（鼻、嘴、眼睛等距离），不同文化的国家如苏格兰、日本也作出同样的选取。这三个领域的研究也许有争议性，在下一个十年有可能被推翻，也有可能继续。即使这个研究的结果被撤销，对称与否无疑还是评估美的一个重要参考因素。

［12］这个再次引自 W. F. 杰克逊·奈特的翻译《音乐论》，186，190，191，194，201 页。奥古斯丁认为"平等"不只是存在于一个形态的特色（如对称）上，它也存在于颜色上，如一小块蓝（或绿，或红，或黄）持续表现，跨越它所占据的表面。

［13］在关于反对意识的争辩上能看到学说位置的重要性，举例而言，《罗格斯法律评论》（*Rutgers Law Review*）特刊 21，第 7 期（秋，1966）讨论"非暴力反抗以及法律"（Civil Disobedience and the Law）。

[14] 布鲁斯·拉西特（Bruce Russett），《理解民主式和平：后冷战世界之原则》（*Grasping the Democratic Peace: Principles for a Post-Cold War World*），普林斯顿：普林斯顿大学出版社（Princeton: Princeton University Press, 1993），59页。

[15] J. S. 莫里森（J. S. Morrison）和 J. F. 科茨（J. F. Coates），《雅典人的三桨战船：古代希腊军舰的历史与重构》（*The Athenian Trireme: The History and Reconstruction of an Ancient Greek Warship*），剑桥：剑桥大学出版社（Cambridge: Cambridge University Press, 1986）。另外，可参见莱昂内尔·卡森（Lionel Casson），《古代世界的船及航海技术》（*Ships and Seamanship in the Ancient World*），普林斯顿：普林斯顿大学出版社（Princeton: Princeton University Press, 1971）。

[16]《关于这诗人》（*Concerning the Poet*），在《沉默的聚集地：莱纳·玛莉亚里尔克诗选》（*Where Silence Reigns: Selected Prose by Rainer Maria Rilke*），G. 克雷格·休斯顿（G.

Craig Houston)译,丹妮斯·莱维托夫(Denise Levertov)导言,纽约:新方向(New York: New Directions, 1978),65—66页。

[17]玛丽·瑞恩(Mary Ryan),《美国游行:19世纪社会秩序的表现》(*The American Parade: Representations of the Nineteenth-Century Social Order*),在《新文化历史》(*The New Cultural History*),林·亨特(Lynn Hunt)编著,伯克利及洛杉矶:加州大学出版社(Berkeley and Los Angeles: University of California Press, 1989),131—153页。

[18]海伦·A.库珀(Helen A. Cooper)认为划桨作为美国民主政治的一个载体,参见:《托马斯·艾金森:划船画作》(*Thomas Eakins: The Rowing Pictures*),纽罕文市:耶鲁大学出版社及耶鲁艺术画廊(New Haven: Yale University Press and Yale Art Gallery, 1996),24—25,36,44页。

[19]艾金森在1868年3月6日给他父亲的一封信中提到,

画家如同划桨手的观点。引文出处同上，32 页。

［20］卡休斯（Cassius），《关于由美国少将、陆军准将及军官们所建立的辛辛那提社会的讨论，证明其创立世袭贵族的功效，附带其给共和政体国家之自由与幸福带来的影响》（*Considerations on the Society or Order of Cincinnati, Lately Instituted by the Major-Generals, Brigadiers, and Other Officers of the American Army, Proving that it Creates, A Race of Hereditary Patricians, or Nobility, and Interspersed with Remarks on its Consequences to the Freedom and Happiness in the Republick*），重印于《英美裁军小册 1697—1830》（*Anglo-American Antimilitary Tracts 1697—1830*），R. 科恩（R. Kohn）编辑，纽约：亚诺出版社（New York: Arno Press, 1979）。军队内的平等这一美丽的构图由国防部长诺克斯将军（General Knox）在他 1786 年向国会提出建立民兵时所描述，记载于 J. 威拉德（J. Willard）的《美国民兵安排计划》（*Plan for the General Arrangement of the Militia of the*

United States),波士顿:J. 威尔逊出版社(Boston: J. Wilson & Sons),29页。同样,这个思想在威廉·萨姆纳(William Sumner)1826年发表的文章中再一次被阐述,见《关于民兵,致尊敬的国防部长詹姆斯·巴伯尔》(*A Paper on the Militia Presented to the Hon. James Barbour, Secretary of War*),华盛顿:B. 霍曼斯出版社(Washington: B. Homans, 1833),9页。亦可参见兰塞姆·吉勒特(Ransom Gillet)在国会的发言《美国国会议事录》(*Congressional Globe*),第24届第一次会议,1836年,235,237页。

[21] 西蒙娜·薇依,《世界秩序之爱》(*Love of the Order of the World*),在《等待上帝》(*Waiting for God*)中,159页。

[22] 同上,163页。

[23] 同上,180页。

[24]艾丽丝·默多克(Iris Murdoch),《善的主权高于其他概念:莱斯利·史蒂芬爵士讲座》(*The Sovereignty of Good over Other Concepts: The Leslie Stephen Lecture*),剑桥:剑桥大学出版社(Cambridge: Cambridge University Press, 1967),2页。

[25]同上,10页。

[26]本人与作者安德烈斯·艾希特(Andreas Eshete)的交谈,1998年1月。

[27]约翰·罗尔斯(John Rawls),《公正论》(*A Theory of Justice*),坎布里奇:哈佛大学出版社(Cambridge: Harvard University Press, 1971),83—87页。第二部分其他引自罗尔斯对公正的看法可以参见:12, 115页。

[28]理查德·沃尔海姆(Richard Wollheim),《描绘物体》(*On Drawing an Object*),在《艺术与思想》(*On Art*

and Mind),坎布里奇:哈佛大学出版社(Cambridge: Harvard University Press, 1974),3—30页。

致 谢

衷心感谢耶鲁大学 1998 年邀请我做了丹纳讲座，丹纳基金会希望为世界带来新的演讲（如同新的喷泉）。感谢盖提研究中心，在那里的阳光时分和银色橄榄树下我完成了此书。更要感谢许多爱好美的学生、同事及朋友们（你们的呼吸全在本书的字里行间）。

20 世纪 90 年代，我四度开设有关美的研究生讲座：三次在哈佛大学，一次在批评与理论学院。这个题材引来很多人文学科的学生，以及一些数学、物理、天文、生化系学生，我向他们致谢，也感谢我的研究助理尼克·戴维斯，他在我准备演讲与本书手稿时给予了快速、精准而又富有创意的协助。

我还要特别感谢那些引导我书写至最后阶段的人。资深文稿编辑罗拉·勒普的建议总是对的；D.A. 米勒、艾雅纳·哈威、爱莱瑞·艾利亚特，以及达克·罗斯是本书最早的读者，也是使它成书的人。此外，普林斯顿大学出版社的玛丽·慕瑞尔功不可没，她的远见超越我，她的细心触及整本书。

伊莱恩·斯凯瑞